Moritz Stern

Tabellen zur Geschichte der Juden und ihrer Litteratur

Dritte und vierte Auflage

Moritz Stern

Tabellen zur Geschichte der Juden und ihrer Litteratur
Dritte und vierte Auflage

ISBN/EAN: 9783743687806

Hergestellt in Europa, USA, Kanada, Australien, Japan

Cover: Foto ©ninafisch / pixelio.de

Weitere Bücher finden Sie auf **www.hansebooks.com**

Tabellen

zur

Geschichte der Juden und ihrer Litteratur.

Bearbeitet

von

Dr. M. Stern.

Dritte und vierte verbesserte Auflage.

Kiel 1897.
H. Fiencke.

Zur dritten und vierten Auflage.

Die Abfassung des vorliegenden tabellarischen Grundrisses ist aus dem Bestreben hervorgegangen, in gedrängter Kürze eine Übersicht über das Wissenswerte aus der Geschichte der Juden und ihrer Litteratur zu geben, sowie zur Lektüre der einschlägigen Handbücher, Geschichtswerke und womöglich der Quellen anzuregen. Als Leser sind in erster Reihe gebildete Laien, Christen wie Juden, gedacht. In diesen Kreisen will das Büchlein Kenntnis der jüdischen Geschichte und Litteratur verbreiten, hier zur Beseitigung von Vorurteilen, dort zur Stärkung des religiösen Bewußtseins.

Erst in zweiter Reihe sind die Tabellen für den Schulgebrauch bestimmt. Doch kann nicht davon die Rede sein, daß die Schüler mit dem gesamten hier verzeichneten Wissensstoff bekannt gemacht werden, vielmehr ist je nach der Bildungsstufe der Schüler und nach dem Maße der zur Verfügung stehenden Zeit eine geeignete Auswahl zu treffen. In der Hauptsache wird es sich um eine allgemeine Kenntnis der Gesamtgeschichte und um die Bekanntschaft mit den hervorragendsten Männern und Litteraturprodukten handeln. Es ist selbstverständlich, daß der Lehrer in freiem Vortrage seine Schüler mit dem durchzunehmenden Pensum bekannt macht. Da, wo dies indeß nicht möglich ist, sei dem Lehrer empfohlen, aus seinem Handbuche ein Kapitel vorzulesen oder vorlesen zu lassen. In jedem Falle können die Schüler dann zu Hause an der Hand der Tabellen das Wesentliche des Vorgetragenen oder Vorgelesenen wiederholen. Durch Unterstreichen der betreffenden Sätze in den Tabellen hat es der Lehrer hierbei in der Hand, die nötige Auswahl des Lernstoffes zu treffen. Von den beigefügten Jahreszahlen werden nur wenige zu merken sein; die meisten Daten dienen lediglich zur Orientierung. Besitzen die Schüler bereits ein Lehrbuch, nach welchem das Pensum durchgenommen wird, so werden die Tabellen eine willkommene Ergänzung bieten.

Daß die Tabellen eine Lücke in unserer Bildungs- und Erziehungslitteratur ausfüllen, zeigt der Umstand, daß binnen kurzem schon die dritte und vierte Auflage nötig wurden. Der gesamte Text wurde für diese neuen Auflagen einer erneuten Durchsicht und Feilung unterzogen, zum Zwecke eines schnelleren Überblicks mit Seitenüberschriften versehen und durch einen Anhang mit Citaten aus der biblischen Litteratur vermehrt.

Kiel, Ende November 1896. **M. St.**

vor Beginn
der christl.
Zeitrechnung

1. Die biblische Zeit.

Stammväter: **Abraham** (Sara), **Isak** (Rebekka), **Jakob** (Lea, Rahel, Bilha, Silpa). Söhne Jakobs: Ruben, Simon, Levi, Juda, Dan, Naphtali, Gad, Ascher, Isachar, Sebulun, Joseph (Ephraim, Menasse), Benjamin.

1495 Auszug aus Ägypten unter **Moses**. Offenbarung Gottes am Sinai, Gesetzgebung. Aufenthalt in der Wüste, die Stiftshütte (Ahron). Die Thora. Eroberung Kanaans unter **Josua**.

Die **Richter**: Otniel, Ehud, Schamgar, Debora (Barak), Gideon, Abimelech, Tola, Jair, Jiphtach, Jbzan, Elon, Abdon, Simson, Eli, **Samuel**. Prophetenschulen.

Die ersten drei **Könige**: S a u l (1088), D a v i d (1051), S a = l o m o (1018). Einweihung des ersten Tempels (1007).

978 Teilung in das Reich Israel (10 Stämme) und in das Reich Juda (Juda, Benjamin).

K ö n i g e v o n J s r a e l: Jarobeam, Nadab, Baësa, Ela, Simri, Omri, Achab, Achasja, Joram, Jehu, Joachas, Joas, Jarobeam II. (824), Secharja, Sallum, Menachem, Pekachja, Pekach, Hosea. P r o p h e t e n: Gad, Nathan, Elia, Elisa, Amos, Hosea.

722 Die Hauptstadt Schomron (Samaria) wird vom assyrischen Könige Salmanassar zerstört. **Ende des Reiches Israel.**

K ö n i g e v o n J u d a: Rechabeam, Abiam, Asa, Josaphat, Joram, Achasja, Atalja, Joas, Amazja, Usia, Jotam, Achas, Hiskia (726), Menasse, Amon, Josia (639), Joachas, Jojakim, Jojachim, Zidkia. P r o p h e t e n: Jesaja, Jeremia.

586 Die Hauptstadt Jerusalem wird vom babylonischen Könige Nebu= kadnezar zerstört. Verbrennung des Tempels (9. Ab). **Ende des Reiches Juda.**

586—538 Das b a b y l o n i s c h e E x i l. Prophet Ezechiel. Daniel.

1

538—332 Die Juden unter persischer Herrschaft.

538 Der Perserkönig **Cyrus** (558—529), der Eroberer des babylonischen Reiches (Belsazar), erlaubt den Juden die Rückkehr nach Palästina und den Aufbau des Tempels.

536 Rückzug unter **Serubabel** und Josua. Der Tempelbau wird begonnen, aber infolge der Verläumdungen der Samaritaner wieder eingestellt.

521 Fortsetzung des Tempelbaues mit Erlaubnis des Königs Darius Hystaspes (521—485). Propheten: Haggaï, Secharja.

516 E i n w e i h u n g des vollendeten zweiten T e m p e l s.

479 **Ester,** Gemahlin des Königs Achaschwerosch (Xerxes I. 485—465).

474 Der persische Minister Haman plant die Vertilgung der Juden. Deren Rettung durch **Mordechai** und Ester.

473 Einsetzung des P u r i m festes (13. Adar: Fasten Esters, 14. Adar: Purim, 15. Adar: Schuschan Purim).

458 **Esra** kommt mit Unterstützung des Königs Artaxerxes I. (465—424) nach Jerusalem. **Nehemia,** Statthalter von Juda (444). Prophet Maleachi. Bau der Stadtmauern Jerusalems. Beseitigung der Mischehen. Trennung der Samaritaner von den Juden (Tempel auf dem Berge Gerisim).

D i e M ä n n e r d e r g r o ß e n V e r s a m m l u n g (Ansche Keneßet ha=gedola), Schriftgelehrte (Soferim). Esra, der erste Sofer. A b s c h l u ß d e s K a n o n. Die 24 Bücher der heiligen Schrift: Thora; Propheten (Josua, Richter, Samuel, Könige, Jesaja, Jeremia, Ezechiel, die 12 kleinen Propheten: Hosea, Joël, Amos, Obadja, Jona, Micha, Nachum, Habakuk, Zephanja, Haggai, Secharja, Maleachi); Hagiographen (Psalmen, Sprüche, Hiob, Hoheslied, Rut, Klagelieder, Kohelet, Ester, Daniel, Esra und Nehemia, Bücher der Chronik).

II. Die Zeit des zweiten Tempels.

332—140 Die Juden unter griechischer Herrschaft.

332 Alexander der Große in Jerusalem.
320 Ptolemäus I. (Lagi) nimmt Jerusalem ein.
312 Beginn der seleucidischen Zeitrechnung (Minjan Schetarot).
301—203 Die Juden unter ptolemäisch=ägyptischer Herrschaft.

Ptolemäus I. (Soter) verleiht den Juden in Alexandria volles Bürgerrecht. Übersetzung der Septuaginta unter Ptolemäus II. (Philadelphus: 285—246). Joseph, Sohn Tobias, erwirbt von Ptolemäus III. (Euergetes: 246—221) die Steuerpacht Palästinas, führt griechische Sitten ein.

203 Antiochus der Große von Syrien (224—187) besetzt Palästina (Cölesyrien).

Der Hohepriester **Simon der Gerechte,** der letzte Sofer, der erste Tanna (Mischnalehrer): „Auf drei Dingen beruht die Welt, auf der Gotteslehre, dem Gottesdienste und der Übung von Liebeswerken". — Das Buch Sirach. Antigonus aus Socho.

203—140 Die Juden unter seleucidisch-syrischer Herrschaft. Seleukus IV. (Philopator: 187—175) versucht, durch seinen Schatzmeister Heliodor den Tempelschatz in Jerusalem zu plündern. Ihm folgt in der Regierung sein Bruder Antiochus IV. (Epiphanes: 175—163.)

Jason (Josua), Sohn Simons des Gerechten, kauft vom Könige die Würde des Hohenpriesters, die bis dahin Jasons Bruder, Onias III., inne hatte; Antiochus überträgt jedoch das Amt an den eine größere Summe bietenden Menelaus. Die Partei der Hellenisten.

171 Menelaus läßt den Hohenpriester Onias III. ermorden; des letzteren Sohn, Onias IV., baut bei Heliopolis den nach ihm benannten Oniastempel (160).

169 Antiochus überfällt, von Ägypten zurückkehrend, Jerusalem und richtet dort ein Blutbad an, plündert den Tempel, betritt das Allerheiligste.

168 Gemetzel in Jerusalem durch den syrischen Feldherrn Apollonius. Verwüstung der Stadt. Syrische Besatzung in der befestigten Burg.

Antiochus verbietet die Ausübung der jüdischen Religion (Beschneidung, Sabbat und Festtage, Speisegesetze) und befiehlt den griechischen Götzendienst. Der Tempel in Jerusalem wird durch Schweineopfer und Aufstellung eines Zeusbildes entweiht. Märtyrertod des Eleasar in Antiochia. Hanna und ihre 7 Söhne.

167 Erhebung der Hasmonäer in Modin. **Mattathias** und seine Söhne: Jochanan, Simon, Juda Makkabi, Eleasar, Jonatan. Mattathias übergiebt sterbend die Führung an Juda (166).

II. Die Zeit des zweiten Tempels.

166—160 Juda, der Makkabäer.

166 Siege Judas über Apollonius, über Heron, bei Emmaus über Nikanor und Gorgias.

165 Sieg Judas über Lysias bei Beth zur. Juda zieht nach Jerusalem und reinigt den Tempel. Tempelweihe am 25. Kislew (Chanukka).

164 Juda belagert die Hellenisten in der Burg, diese rufen Lysias zu Hilfe.

163 Eleasar fällt bei Beth Zacharia. Juda wird auf dem Tempelberge von Lysias belagert. Friedensschluß unter Zusicherung der Religionsfreiheit. Hinrichtung des Menelaus.

161 Demetrius I. von Syrien (162—152) sendet Backchides nach Jerusalem, um Alkimos als Hohenpriester einzusetzen. Sechzig Schriftgelehrte (Jose b. Joëser aus Zereda) werden von Backchides ermordet.

160 Sieg Judas bei Beth Choron über Nikanor (13. Adar: Nikanortag). Gesandtschaft nach Rom. Juda fällt bei Eleasa gegen Backchides (Nissan 160).

160—143 Jonathan.

159 Alkimos stirbt, das Amt des Hohenpriesters bleibt unbesetzt.

157 Backchides schließt mit Jonathan und Simon Frieden. Jonathan in Michmas.

152 Während der syrischen Thronwirren nimmt Jonathan Besitz von Jerusalem. Er wird von Alexander Balas (152—146), dem Gegner des Demetrius I., zum Hohenpriester ernannt und von Demetrius II. (Nikator: 146—138) in dieser Würde bestätigt.

145 Jonathan eilt dem Demetrius II. in Antiochia zu Hilfe und rettet ihm Thron und Leben. Mit Undank dafür belohnt, unterstützt Jonathan (144) den jungen König Antiochus VI. gegen Demetrius II.

143 Jonathan wird von Tryphon, dem Feldherrn des Antiochus VI., nach Ptolemaïs gelockt und ermordet.

143—140 Simon als Hoherpriester.

141 Simon erobert die Burg von Jerusalem. Antiochus Sidetes bestätigt die bereits von seinem Bruder Demetrius II. (143) zugestandene Abgabenfreiheit Judäas und räumt Simon das Münzrecht ein. Befestigung von Joppe (Jaffa).

140 Das Volk wählt Simon zum erblichen Hohenpriester und Fürsten.

II. Die Zeit des zweiten Tempels.

140—6 u. Die Juden unter eigenen Herrschern.
140—37 Die Juden unter hasmonäischen Herrschern.
140—135 Simon als Hoherpriester und Fürst. Bundesgenosse der Römer (139). Seine Söhne Johann (Jochanan) und Juda weisen den Angriff des syrischen Feldherrn Kendebaios siegreich zurück (137). Simon wird von seinem Schwiegersohne Ptolemäus ermordet (135).
135 -106 **Johann Hyrkan.**
134 Antiochus Sidetes belagert mit Erfolg Jerusalem.
133 Gesandtschaft Hyrkans nach Rom.
120 Hyrkan zerstört Sichem und den samaritanischen Tempel auf Gerisim, unterwirft die Idumäer und zwingt sie zur Annahme des Judentums. Zerstörung Samarias (109).
106 Die Parteien der Pharisäer (Peruschim), Sadducäer (Zaddukim) und Essäer. Hyrkan, bisher Pharisäer, schließt sich den Sadducäern an. Vor seinem Tode setzt er seine Frau als Fürstin und seinen Sohn Juda Aristobul als Hohenpriester ein.
106—105 **Juda Aristobul I.** verdrängt seine Mutter, nimmt den Königstitel an. Sein Bruder Antigonus fällt durch Meuchelmord.
105—79 **Alexander Jannai,** Bruder Juda Aristobuls, vermählt mit dessen Gattin Salome Alexandra. Häupter des Synhedriums: Simon b. Schetach, Bruder der Königin, und Juda b. Tabbai. Das erste Buch der Makkabäer, Tobit, Judith (Apokryphen).
Der ägyptische Prinz Ptolemäus Lathyros besiegt Alexander. Dieser, durch Bündnis mit Kleopatra von Ägypten aus seiner Lage befreit, erobert Gadara und Gaza (96). Alexander wendet sich von den Pharisäern ab, läßt 5000 Beter im Tempelvorhof niederhauen (95). Niederlage Alexanders in Arabien (94), Bürgerkrieg in Jerusalem. Alexander schlägt 800 gefangene Pharisäer ans Kreuz (88). Eroberungen Alexanders im Ostjordanlande (83—80).
79—70 **Salome Alexandra** überträgt den Pharisäern den Vorsitz im Synhedrium. Simon b. Schetach und Juda b. Tabbai kehren nach Jerusalem zurück. Simon führt die Kethuba ein, gründet höhere Schulen in den Städten. Die ständige Tempelspende. Die Volksfeste am Hüttenfeste (Simchat bet haschoëba) und am 15. Ab (Korban Ezim). Söhne Salomes: Hyrkan, der Hohepriester, und Aristobul.

70—40 **Hyrkan II. und Aristobul II.** Hyrkan wird nach dreimonatlicher Regierung von Aristobul entthront (69), bleibt aber Hoherpriester. Antipater, Statthalter von Idumäa, veranlaßt den schwachen Hyrkan zum Bündnis mit dem Nabatäerkönig Aretas und zum neuen Bruderkrieg. Aristobul, in Jerusalem belagert (66), wird durch den Machtspruch des römischen Legaten Scaurus befreit (65).

63 Pompeius, zur Entscheidung des Bruderstreites angerufen, erobert Jerusalem nach dreimonatlicher Belagerung, betritt das Allerheiligste, schafft den Königstitel ab, beschränkt Judäa auf die Grenzen vor der makkabäischen Erhebung und macht das Land tributpflichtig. Hyrkan wird Hoherpriester und Volksfürst (Ethnarch) unter Vormundschaft Antipaters. Aristobul wird mit seinen Söhnen Alexander II. und Antigonus gefangen nach Rom geführt.

58 Der Legat Gabinius schlägt den Aufstand des aus Rom entflohenen Alexanders II. nieder und teilt das Land in fünf Gerichtsbezirke. Neue vergebliche Aufstände Aristobuls II. (56) und Alexanders II. (55).

54 Crassus beraubt den Tempelschatz.

48 Cäsar verleiht Antipater das Amt eines Landesverwesers von Judäa und das römische Bürgerrecht, bestätigt Hyrkan in seinem Amte (47). Cäsars Wohlwollen gegen die Juden. Galiläa wird wieder mit Judäa vereinigt. Die Söhne des Antipater: Phasael, Statthalter von Jerusalem; Herodes, Statthalter von Galiläa.

43 Antipater wird von Malich vergiftet.

41 Antonius ernennt Phasael und Herodes zu Tetrarchen von Judäa.

40—37 **Antigonus**, Sohn Aristobuls II., verbündet sich mit den Parthern (40). Phasael entleibt sich, Hyrkan wird verstümmelt. Herodes flieht nach Ägypten und Rom. Der römische Senat ernennt Herodes zum König der Juden (40). Jerusalem wird mit Hilfe der Römer von Herodes erobert (37), Antigonus hingerichtet.

37 v. Chr. **Die Juden unter herodäischen Herrschern.**

37 v.—4 v. **Herodes.** Gemahlin: Mariamne, Tochter Alexanders II. und der Alexandra.

II. Die Zeit des zweiten Tempels.

35 **Aristobul III.**, Bruder der Mariamne, Hoherpriester, wird auf Befehl des Herodes im Bade ertränkt. Herodes rechtfertigt sich deswegen vor Antonius (34).

31 Herodes besiegt die Nabatäer. Hyrkans Hinrichtung. Herodes gewinnt die Gunst Octavians (30). Erweiterung des judäischen Gebietes durch römische Schenkung.

29 Herodes läßt die von seiner Schwester Salome wiederholt verläumdete Mariamne hinrichten, ebenso seine Schwiegermutter Alexandra.

24 Herodes nimmt sich der Juden in Jonien, Sardes, Ephesus und Cyrene an. (Verbreitung der Juden im Auslande: Ägypten, Euphratländer, Syrien, Kleinasien, Krim, Dacien, Griechenland, Italien, Gallien). Herodes' Freigiebigkeit während der Hungersnot in Judäa. Unwürdige Besetzung des Hohenpriesteramts. Herodes' Prachtliebe. Bau Samarias (Sebaste) und Cäsareas. Der Herodianische Palast. Umbau des Tempels (18. Juni eingeweiht). Bau einer Mauer um die Unterstadt.

8 **Alexander und Aristobul IV.**, die Söhne der Mariamne, werden auf Anschuldigung Antipaters, des Sohnes des Herodes und der Idumäerin Doris, hingerichtet. Herodes ernennt Antipater zum Erben und sendet ihn nach Rom.

5 Antipater versucht, den Herodes mit Hilfe dessen Bruders Pheroras zu vergiften, wird gefangen genommen und infolge neuen Anschlages hingerichtet (4). Söhne des Herodes: Archelaus, Herodes Antipas, Philipp.

Häupter des Synhedriums: Schemaja und Abtaljon (60—35), nach ihnen die Bene Bathyra, (seit 30) **Hillel** und **Schammaï**. Hillel aus Babylon, der Sanftmütige: „Was Dir unangenehm ist, das thue auch Deinem Nächsten nicht". „Sei von den Jüngern Ahrons, liebe den Frieden und strebe ihm nach, liebe die Menschen und führe sie zur Gotteslehre". Die sieben halachischen Regeln Hillels (Scheba Middot). Einführung des Prosbol. Beth Hillel, Beth Schammaï.

4v.—6n. **Archelaus.** Unruhen nach Herodes' Tode. Kämpfe in Jerusalem, veranlaßt durch den Schatzmeister Sabinus. Der Galiläer Juda aus Gamala. Die Gräuel des syrischen Statthalters Quinctilius Varus. Augustus (31v.—14n.) bestätigt das Testament des Herodes: Archelaus wird Ethnarch (nicht König) über Judäa, Idumäa, Samaria; Herodes Antipas

11. Die Zeit des zweiten Tempels.

Tetrarch über Galiläa und Peräa; Philipp Tetrarch über das nordöstliche Gebiet.

6 u. Archelaus, von Augustus abgesetzt, nach Vienne an der Rhone verbannt. Sein Land wird Teil der römischen Provinz Syrien. Die Fürstentümer des Herodes Antipas 4 v.—39 n. (Tiberias) und Philipp 4 v.—34 n. (Cäsarea Philippi) bleiben bestehen.

6 u.—41 Die Juden unter den Landpflegern der Kaiser Augustus, Tiberius (14—37) und Caligula (37—41). Die Landpfleger (Procuratoren) in Judäa, mit dem Sitz in Cäsarea, erheben Steuern, üben die peinliche Gerichtsbarkeit aus, besetzen das Hohepriesteramt. Der Galiläer Juda begründet die Partei der Zeloten (Eiferer). Landpfleger: Valerius Gratus (15—26), Pontius Pilatus (26—36).

36 Jzates, König von Adiabene, tritt mit seiner Mutter Helena und seinen Verwandten zum Judentum über.

37 Agrippa I., Sohn Aristobuls IV., Freund des Drusus Caesar und Caligulas, erhält von letzterem den Königstitel und das Gebiet des Tetrarchen Philipp.

38 Vergewaltigung der alexandrinischen Juden. Ausschreitungen des Statthalters Flaccus. Verläumdungsschrift Apions.

39 Herodes Antipas wird auf Anklage Agrippas seiner Tetrarchie entsetzt und nach Lyon verbannt. Sein Gebiet erhält Agrippa.

40 Gesandtschaft der alexandrinischen Juden vor Caligula, unter Führung Philos. Caligulas Befehl, seine Bildsäule im Tempel zu Jerusalem aufzustellen. — Blüte der jüdisch-alexandrinischen Philosophie. Die allegorische Schriftauslegung. Philos Schriften „Über die Weltschöpfung", „Über die Gesetze", seine Lehre vom Logos.

41 Agrippa erhält von seinem Freunde, dem Kaiser Claudius: Judäa, Idumäa und Samaria; Herodes II, Bruder Agrippas: den Königstitel und das Fürstentum Chalcis am Libanon. Die römischen Landpfleger werden zurückgezogen.

41—44 Agrippa I., König des wieder vereinigten Landes. Agrippas glückliche Regierung, seine Anhänglichkeit am Judentum. Bau der äußeren Stadtmauer Jerusalems. Haupt des Synhedriums: Rabban Gamaliel I., der Alte, Enkel Hillels.

44—66 Die Juden unter den Landpflegern der Kaiser Claudius

II. Die Zeit des zweiten Tempels.

(41—54) und Nero (54—68). Landpfleger über das ganze Land: Tiberius Alexander (47—49), Cumanus, Felix, Festus, Albinus, Gessius Florus (64—66). Häupter des Synhedriums: Simon b. Gamaliel und Jochanan b. Sakkaï.

49 Helena von Adiabene verteilt während einer Hungersnot Getreide in Jerusalem. Herodes II. stirbt. Sein Königreich Chalcis und das von ihm seit 45 ausgeübte Recht der Besetzung des Hohenpriesteramtes verleiht der Kaiser an Agrippa II., den Sohn Agrippas I.

53 Agrippa II. verliert Chalcis und erhält die frühere Tetrarchie Philipps, welche um Tiberias und Tarichäa vermehrt wird (56).

64—65 Der Hohepriester Josua b. Gamala, Begründer der Kinderschulen.

66—70 Der jüdische Krieg.

66 Störung des jüdischen Gottesdienstes in Cäsarea. Der Landpfleger Florus in Jerusalem. Beginn des Aufstandes. Die Zeloten unter Führung des Tempelhauptmanns Eleasar b. Chananja. Die Zahlung der Steuer wird verweigert, das tägliche Opfer für den Kaiser eingestellt. Die Veste Masada und die Burg Antonia werden von den Juden erobert, die römische Besatzung niedergemacht.

Niedermetzelung der Juden in Cäsarea, Antiochia, Damaskus und Alexandria. Der syrische Statthalter Cestius Gallus vor Jerusalem, wird zurückgeschlagen, sein Heer zum teil aufgerieben. Joseph b. Gorion und der Hohepriester Anan befestigen Jerusalem. Joseph b. Mattathias und Johannes von Giskala organisieren den Widerstand in Galiläa.

67 Nero betraut den Flavius Vespasianus mit der Führung des jüdischen Krieges. Vespasian besetzt Sepphoris, erobert und zerstört Jotapata. Joseph b. Mattathias geht zu den Römern über. Vollendung der Unterwerfung Galiläas (Samaria, Joppe, Tiberias, Tarichäa, Gamala, Gischala).

68 Blutbad in Jerusalem durch die Zeloten und Idumäer. Die Friedensfreunde Anan und Josua b. Gamala werden hingerichtet. Vespasian erobert Peräa, Idumäa und das nördliche Judäa

69 Parteikämpfe in Jerusalem: Johannes von Giskala auf dem Tempelberge, der aus Masada gerufene Simon b. Giora in der Ober- und Unterstadt. Vespasian, von den Legionen zum Kaiser ausgerufen, verläßt das Land.

14　　II. Die Zeit des zweiten Tempels.

70 **Titus**, der Sohn Vespasians, übernimmt den Oberbefehl. Beginn der Belagerung Jerusalems. Die Römer erstürmen die äußere Mauer mit der Vorstadt B e z e t h a (11. Ijar). Die Juden stecken die Belagerungstürme in Brand, Titus umgiebt die Stadt mit einem Wall und verstärkt hierdurch die H u n g e r s n o t. Fall der zweiten Mauer und der Burg A n t o n i a (1. Tammus). Der Opferdienst im Tempel wird eingestellt (17. Tammus). Brand der Säulengänge (21—28. Tammus). Letzter Ausfall der Juden und **Brand des Tempels** (10. Ab). Titus verbrennt die O b e r s t a d t und nimmt die dortigen Führer, Johannes von Giskala und Simon b. Giora, gefangen (8. Elul). **Zerstörung Jerusalems.** Triumphzug des Titus in Rom (Titusbogen).

72 Fall der letzten Festungen: Herodium, Machärus, M a s a d a (Eleasar b. Jair). Vespasian (69—79) führt für sämmtliche Juden des römischen Reichs an Stelle der bisherigen Tempelspende eine Kopfsteuer ein („der jüdische Fiscus").

73 Vespasian schließt den Oniastempel in Ägypten. — **Flavius Josephus** (Joseph b. Mattathias) in Rom. Seine Schriften: „Der jüdische Krieg"; „Die Altertümer" mit Josephus' Selbstbiographie; Verteidigungsschrift der Juden „Gegen Apion".

III. Die Zeit der paläſtinenſiſchen und babyloniſchen Hochſchulen bis zum Erlöſchen des Gaonats.

70 200 Die Tannaim (Mischnalehrer).

70—80 **Jochanan b. Sakkaï**, Schüler Hillels, während der Belagerung Jerusalems zur Friedenspartei gehörig, gründet mit Erlaubnis Vespasians ein Lehrhaus in J a b n e (70) und tritt daselbst an die Spitze eines S y n h e d r i u m s („Wohlthätigkeit ersetzt die Opfer"). Jochanans Verordnungen. R. C h a n i n a („Bete für das Wohl der Regierung"). Die Schulen des N a c h u m aus Gimso und Nechunja b. Hakana. Schüler Jochanans: Elieſer b. Hyrkanos („Die Ehre deines Nächsten sei dir so wertvoll wie die deinige"), Josua b. Chananja („Die Frommen aller Völker haben Anteil am künftigen Leben"), Eleaſar b. Arach („Das beste Gut für den Menschen ist ein edles Herz").

80—117 Patriarch **Gamaliel II.** (von Jabne), Sohn des Simon b.

III. Die Zeit der palästinensischen und babylonischen Hochschulen.

Gamaliel sucht das Synhedrium zum Mittelpunkte des Judentums zu machen. Die Lehrsätze Hillels werden als maßgebend angenommen. Gamaliels Gegner Josua b. Chanauja. Gamaliel wird abgesetzt und Eleasar b. Asarja gewählt. Aussöhnung Gamaliels mit Josua und Wiedereinsetzung des ersteren. Der Proselyt Akylas (Onkelos) übersetzt die Bibel von neuem ins Griechische. Letzte Feststellung der Schemone Esre. Andere Mitglieder des Synhedriums: Ismael b. Elisa, Begründer des halachischen Midrasch zu Exodus (Mechilta); die 13 halachischen Regeln R. Ismaels. **Akiba** b. Joseph, in seiner Jugend unwissend, der erste Ordner des halachischen Stoffes (Mischna des R. Akiba): „Der Satz ›Liebe Deinen Nächsten wie Dich selbst« (Levit. XIX, 18) ist ein Hauptgrundsatz der Gotteslehre". „Eine Auszeichnung ist es für den Menschen, daß er in Gottes Ebenbildlichkeit erschaffen wurde". „Alles wird von Gott vorausgesehen, doch bleibt dem Menschen die freie Wahl des Handelns". Tarphon aus Lydda, Eleasar aus Modin, Jose der Galiläer, Jochanan b. Nuri, Chananja b. Teradion, Juda b. Baba.

96 Plan Domitians (81—96) zur Vertilgung der Juden.

117 Unter Trajan (81—117) Aufstand der Juden in Babylonien, Judäa, Ägypten, Cyrene, Lybien und Cypern. Zerstörung der Synagoge zu Alexandria durch die Römer. Hadrian (117 — 138) ruft den Lucius Quiëtus aus Babylonien und Judäa zurück. Der Ausbruch eines neuen Krieges in Judäa wird durch R. Josua verhindert.

118—131 **Josua b. Chananja** verwaltet das Patriarchat. Das Synhedrium wird nach Uscha in Obergaliläa verlegt. Die Verordnungen von Uscha.

132—135 **Der Bar-Kochba-Krieg.** Vorbereitende Thätigkeit R. Akibas. Die Juden sind unter Bar-Kochba (Bar-Kosiba) siegreich. Der römische Statthalter Rufus muß das Land räumen (132). Herrschaft Bar-Kochbas (132—134). Sein Sturz infolge Eroberung Bethars durch die Römer unter Julius Severus (9. Ab 135). Jerusalem wird eine heidnische Stadt (Älia Capitolina).

135—138 **Die Hadrianische Verfolgung.** Hadrian verbietet die Richter-Ordination, sowie die Ausübung und Erforschung der

16 III. Die Zeit der paläftinenfifchen und babylonifchen Hochschulen

religiöfen Gebote. Verfammlung der Gefetzeslehrer zu L y b b a. Die zehn M ä r t y r e r (Ismael, Akiba u. a.).
139 Antoninus Pius (138—161) hebt die Hadrianifchen Edikte auf.
140—164 Patriarch **Simon III.**, Sohn Gamaliels II. („Auf drei Dingen beruht die Welt: auf Wahrheit, Recht und Frieden"). Mitglieder des Synhedriums: Nathan, der Babylonier, (Mifchna Aboth des Rabbi Nathan). **Meïr,** Chacham im Synhedrium („Sei demütig vor jedem Menfchen". „Befchäme niemand, mag er hoch oder niedrig ftehen, denn alle Menfchen find gleich!" „Liebe Deine Zurechtweifer". „Was man Dir auch Böses gethan, vergilt es mit Gutem". „Nichts fchöneres hat Gott gefchaffen als den Frieden"), vervollftändigt die Mifchnafammlung Akibas; feine Gattin Beruria, fein Verkehr mit dem abtrünnigen Elifa b. Abuja (Acher). S i m o n b. J o ch a i, Begründer des halachifchen Midrafch zu Numeri und Deuteronomium (Sifre), „Der gute Name ift die fchönfte Zierde des Menfchen". J u d a b. Ilaï, der einen gleichen Kommentar zu Leviticus (Sifra) anlegt („Wer feinen Sohn nicht ein Handwerk lernen läßt, erzieht ihn gewiffermaßen zum Räuber"). J o f e b. C h a l a f t a, Verfaffer einer Chronik von der Weltfchöpfung bis zum Bar-Kochba Krieg (Seder Olam).
164—200 Der Patriarch **Juda I.**, Sohn Simons III., der Heilige, hanaßi, Rabbi, mit dem Sitze in S e p p h o r i s, erhöht die Macht des Patriarchats und fammelt die ganze überlieferte Lehre (M i f ch n a) in 6 Ordnungen (Sedarim): Seraim (Saaten), Moëd (Fefte), Nafchim (Ehegefetze), Nefikin (Civil- und Criminalgefetze), Kodafchim (Opfergefetze), Tahorot (Reinheitsgefetze); 63 Traktate (Maffechtot), 524 Abfchnitte (Perakim), letztere wiederum in Halachot oder Mifchniot geteilt. Der babylonifche Exilarch (Refch Geluta) Mar H u n a. Mit Judas Tod endet das Zeitalter der Tannaim.
Die Halbtannaim C h i j a und O f ch a j a ftellen die von ihrem Lehrer R. Juda in die Mifchna nicht aufgenommenen Überlieferungen zufammen (Tofefta oder Boraita). Die aramäifchen Überfetzungen der hl. Schrift (Targumim): Targum Onkelos, Targum Jonathan b. Uffiël, Targum Jofeph des Blinden.

200—500 Die Amoraim (Mifchnaerklärer).
200—280 Die Patriarchen Gamaliel III. und **Juda II.** Letzterer verlegt

seinen Sitz nach Tiberias. Chanina b. Chama in Sepphoris („Alles liegt in Gottes Hand, mit Ausnahme der Gottesfurcht"). Jochanan II. b. Napacha und Simon b. Lakisch (Resch Lakisch) in Tiberias, Josua b. Levi in Lydda. Simlaï faßt die 613 Gesetze der Thora summarisch zusammen (248 Gebote und 365 Verbote) und sucht ihre Grundgedanken auf.

280—425 **Verfall des Patriarchats.**
300 Patriarch **Juda III.** ordnet das Gemeinde- und Schulwesen. Die paläftinensischen Amoraïm: Eleasar b. Padat, Ammi, Assi, Chija b. Abba, sämtlich in Tiberias; Abahu in Cäsarea.

Constantin der Große (323—337) verbietet den Juden die Aufnahme von Proselyten und die Beschneidung christlicher Sklaven. Jerusalem wird christlich. Constantins Sohn, der Christ Constantius (337—361), verschärft die Dekrete gegen die Juden.

352 Aufstand der Juden gegen den Mitkaiser Gallus und seinen Legaten Ursicinus. Sepphoris, Tiberias und Lydda werden zerstört.

359 Patriarch **Hillel II.** regelt und veröffentlicht die Berechnung des jüdischen Kalenders.

362 Julian (361—363) plant die Wiederherstellung des Tempels.

379 Feindseligkeiten der Bischöfe Chrysostomus von Antiochia und Ambrosius von Mailand. Theodosius der Große (379—395) erneuert die Dekrete des Constantius. Sein Sohn Honorius (395—423) untersagt den Juden die Beteiligung am Kriegsdienst.

400 Die Sammlung der paläftinensischen Mischnaerläuterungen (Gemara) wird abgeschlossen: Talmud Jeruschalmi.

408 Theodosius II. (408—450) verbietet den Juden den Bau neuer Synagogen und den Besitz christlicher Sklaven; derselbe schließt die Juden von den öffentlichen Ämtern aus (439). Der Bischof Cyrill vertreibt die Juden aus Alexandria.

425 **Gamaliel VI.**, der letzte Patriarch, stirbt. Der Agadist Tanchuma. Der Kirchenlehrer Hieronymus, Schüler des Bar Chanina, übersetzt die Bibel ins Lateinische (Vulgata).

219—500 **Die babylonischen Hochschulen.**
219 Abba Areka (**Rab**), der erste babylonische Amora, Schüler Judas I., begründet die Hochschule in Sura, führt Versammlungsmonate (Jarche Kalla) und Festvorträge (Rigle) ein, er-

III. Die Zeit der paläſtinenſiſchen und babyloniſchen Hochſchulen

weitert den Gottesdienſt, ſtirbt 247. Sein Freund und Mit=
ſchüler Mar **Samuel** (geſt. 257), Schulhaupt (Reſch Metibta)
in N e h a r d e a, Aſtronom und Arzt: „Das Geſetz der Regierung
in Bezug auf Mein und Dein iſt Religionsgeſetz" (Dina Demal=
chuta Dina).
Blüte der babyloniſchen Hochſchulen. S u r a: Huna (247—297),
Juda b. Jecheskel (298—299), Chisda (300—309), Rabba b.
Abuha, R. Scheſchet. P u m b e d i t h a: Juda b. Jecheskel (259—
299), **Rabba** b. Nachmani, **Abaji** (geſt. 333). M e ch u ſ a:
Raba (geſt. 352).

367 **Aſchi,** Schulhaupt in Sura (357—427), beginnt die Sammlung
der babyloniſchen Gemara: T a l m u d B a b l i. Mar Sutra
in Pumbeditha.

455 Der Neuperſer J e s d i g e r d III. verbietet die Sabbatſeier. Die ſura=
niſchen Schulhäupter M a r e m a r und M a r b. Aſchi (geſt. 468)
ſetzen die Sammlung des Talmud fort.

470—485 Religionsverfolgung in Perſien und Babylonien durch F i r u z,
den Sohn Jesdigerds III.

500 **Rabina,** Schulhaupt in Sura (geſt. 13. Kislew 499), und Joſe,
Schulhaupt in Pumbeditha, beenden die Sammlung des baby=
loniſchen Talmud. Ende des Zeitalters der Amoraïm.

500—640 Die Saboräer. Schlußredaktion des Talmud. Die
kleinen talmudiſchen Traktate (Maſſechtot ketanot). Sammlung
des hagadiſchen Stoffes (Midraſchim). Ordnung des Gottes=
dienſtes.

A u f ſ t a n d der babyloniſchen Juden unter dem Exilarchen Mar
S u t r a II. Dieſer und ſein Großvater Mar Chanina werden
hingerichtet (520).

Die Perſer erobern mit Hilfe der Juden Jeruſalem (614). Kurze
Herrſchaft der Perſer in Paläſtina. Verfolgung der paläſtinen=
ſiſchen Juden durch Kaiſer Heraklius (628).

500 530 Das j ü d i ſ ch = h i m j a r i t i ſ ch e R e i ch in Jemen. Der
jüdiſche Häuptling und Dichter S a m u e l b. A d i j a. Mohammed
unterwirft die jüdiſch=arabiſchen Stämme (625—628).

638 Die Araber erobern unter dem Kalifen Omar Paläſtina. J e r u =
ſ a l e m w i r d m o h a m m e d a n i ſ ch.

640 1040 Die Geonim.

642 Der Exilarch B o ſ t a n a ï wird in ſeiner Würde vom Kalifen
Omar anerkannt.

658 Die babylonischen Juden unterstützen den Kalifen Ali. Mar **Isak**, Schulhaupt in Sura, wird Gaon. — Einführung der hebräischen Vokalzeichen durch Moses hanakdan (Punktator). Das assyrisch babylonische und das tiberianische Zeichensystem.

731 Die Chazaren (König Bulan) treten zum Judentum über.

760 Anan b. David stiftet gegen die Rabbaniten die Sekte der Karäer (Bene Mikra). Die „Scheëltot" (Fragen) des Achaï aus Schabcha in 191 sich an den Pentateuch anschließenden Vorträgen. Die „Halachot Kezubot" (kurze Gesetzessammlung) des Gaon **Jehudaï**. Entstehung der neuhebräischen Dichtkunst. Die synagogalen Dichter (Pajtanim) Jannaï, Jose b. Jose und Elasar Kalir (Pijutim).

869—881 Gaon **Amram** in Sura, Begründer der liturgischen Gebetordnung (Siddur) für die europäischen Gemeinden. Der Gaon **Zemach** b. Paltoï in Pumbeditha (872—890) schreibt das erste Wörterbuch (Aruch) zum Talmud.

881 889 Gaon **Nachschon** b. Zadok in Sura verfaßt Erklärungen zum Talmud und einen Schlüssel zum jüdischen Kalenderwesen (Iggul di R. Nachschon). Die „Halachot Gedolot" (Große Gesetzessammlung) des Simon aus Kahira.

900 Der Philosoph und medizinische Schriftsteller Isak b. Salomo Israeli (gest. 940), Leibarzt der beiden ersten fatimidischen Kalifen in Kairuan, schreibt in seinem arabischen Hauptwerke über die Fieberkrankheiten, Juda b. Koreisch in Tahort (Marokko) über die Verwandtschaft der hebräischen, aramäischen und arabischen Sprache. Der Reisebericht des Daniten Eldad. Die Massoreten Ben Ascher (in Tiberias) und Ben Naphtali.

928—942 **Saadia** b. Joseph, geb. 892 zu Fajum in Oberägypten, seit 928 Gaon in Sura, 933—937 Privatmann in Bagdad infolge Entzweiung mit dem Exilarchen David b. Sakkaï, dann wieder in sein Amt eingesetzt, beweist in mehreren Schriften gegen die Karäer die Unentbehrlichkeit der Tradition, übersetzt die heilige Schrift ins Arabische und erklärt diese, verfaßt eine neue Gebetordnung, hebräisch-grammatische und lexikologische Arbeiten, ferner in arabischer Sprache einen Kommentar zum „Buche der Schöpfung" (Sefer Jezira) und ein großes

religionsphilosophisches Werk „Emunot we=Deot" (Glaubens= und Sittenlehren).
940 Ende des Exilarchats.
948 Vier zur Sammlung von Geldern ausgesandte Talmudgelehrte werden als Sklaven verkauft und verpflanzen das Talmud=studium nach Nordafrika und Spanien (Schemarja in Kairo, Chuschiel in Kairuan, Moses in Cordova). Die sura=nische Hochschule wird geschlossen. Dunasch b. Tamim (gest. um 960), Leibarzt des Kalifen in Kairuan, Schüler des Isak Israeli, kommentiert das „Buch der Schöpfung" und schreibt über hebr. Grammatik, Medizin, Astronomie und Mathematik.
968—998 **Scherira**, Gaon in Pumbeditha (gest. 1000), giebt in Form eines Sendschreibens eine Chronik der Tannaïm, Amo=raïm, Saboräer und Geonim (987). Ihm folgt als Gaon sein Sohn:
998—1038 **Haï**, gleich seinem Vater Verfasser zahlreicher Gutachten, ferner eines Kommentars zur 1. und 6. Mischnaordnung, eines Compendiums des Handelsrechts und eines Lehrgedichtes „Mussar Haskel". Haïs Schwiegervater **Samuel** b. Chofni, Gaon in Sura (gest. 1034). Die Talmudgelehrten Chananel b. Chuschiel und Nissim b. Jakob in Kairuan.
1016 Untergang des jüdischen Chazarenreiches.
1040 Gaon **Hiskia** wird verläumdet und hingerichtet. Ende des Gaonats.

IV. Die Juden auf der pyrenäischen Halbinsel.

Erste Ansiedlungen der Juden in Spanien zum Beginne der christ=lichen Zeitrechnung. Die Juden, die sich mit Ackerbau, Hand=werk, Handel und Schiffahrt beschäftigen, sind im Besitze des römischen Bürgerrechts. Die arianischen Könige der West=gothen (seit 419) erteilen den Juden völlige Gleichberechtigung.
589 Der katholische König Reccared verbietet den Juden, christliche Sklaven zu erwerben und öffentliche Ämter zu bekleiden.
612 Die Juden werden vom König Sisebut gezwungen, die Taufe anzunehmen oder das Land zu verlassen. Neue Vertreibungen unter den folgenden Königen. Die getauften Juden werden verfolgt.

693 König **E g i c a** konfisziert die unbeweglichen Güter der Juden. Letztere werden zu Sklaven gemacht und verschenkt, ihre Kinder christlich erzogen (694).

711 Ende der westgothischen Bedrückungen. Die Juden leisten den mohammedanischen Eroberern Beistand und erhalten im Kalifate Cordova Religionsfreiheit und eigene Gerichtsbarkeit.

940—970 Chasdaï b. Jsak **ibn Schaprut** in Cordova, Diplomat und Finanzverwalter der Kalifen Abderrahman III. und Alhakim II., Oberrichter der andalusischen Juden (Nassi), Arzt, Sprachkenner, Förderer der hebr. Sprachwissenschaft und des Talmudstudiums. Er empfängt die Gesandtschaften des byzantinischen Kaisers Constantin VIII. (949) und des deutschen Königs Otto I. (956). Seine Correspondenz mit dem **C h a z a r e n k ö n i g** Joseph. Chasdaïs Schützlinge: **M e n a c h e m** b. **S a r u k**, früher in Tortosa, verfaßt das erste vollständige hebr. Wörterbuch („Machberet"); **D u n a s ch** b. **L a b r a t**, früher in Bagdad und Fez, führt das arabische Versmaß in die neuhebräische Poesie ein, polemisiert gegen die grammatischen Arbeiten Menachems und Saadias („Teschubot"); **M o s e** b. **C h a n o ch**, Rabbiner in Cordova, begründet das Talmudstudium in Spanien; ihm folgt sein Sohn Chanoch im Amte. Chanochs würdiger Gegner **J o s e p h** b. **J s a k i b n A b i t u r**, liturgischer Dichter, übersetzt für den Kalifen Alhakim II. die Mischna ins Arabische.

975 Nach dem Tode Chasdaïs Streit um das Rabbinat in Cordova. **C h a n o ch** (gest. 1014) wird vom Kalifen Alhakim bestätigt. Oberrichter der Juden wird Jakob ibn Gau. Schüler Menachems: Der Dichter Jsak ibn Gikatilla und **J e h u d a** b. **David C h a j j u d s ch** in Fez und Cordova, der Schöpfer der wissenschaftlichen hebräischen Grammatik (erkennt zuerst das Wesen der dreibuchstabigen Verbalwurzel).

1027—1055 Samuel ha-Levi ibn Nagdela aus Cordova, mit dem Beinamen **ha-Nagid**, Schüler des Chanoch und Chajjudsch, seit 1013 in Malaga, seit 1027 Minister (Vezier) des Königs Habus von Granada und seines Nachfolgers Badis, zugleich Rabbiner in Granada und Nassi der Juden, Dichter, grammatischer und talmudischer Schriftsteller (Einleitung in den Talmud: Mebo ha-Talmud), Förderer jüdischer Wissenschaft. Sein Sohn **J o s e p h** ha-Nagid, der dem Vater in allen Ämtern folgt, wird 1066 ermordet. Untergang der jüdischen Gemeinde Granadas.

Jona Abulwalid Merwan ibn Djannach aus Cordova, seit 1013 in Saragossa, gest. 1050, Arzt, Philosoph, Sprachforscher und Bibelerklärer, vollendet in seiner hebr. Grammatik und in seinem hebr. Wörterbuche die von Chajjudsch begonnene Schöpfung.

1020—1070 Salomo b. Jehuda **ibn Gabirol** (Avicebron) in Malaga und Saragossa (gest. in Valencia), Dichter und Philosoph, findet früh verwaist („Ein Knab' von sechzehn Jahren und wie ein Greis erfahren") an dem jüdischen Staatsmann Jekutiel ibn Hassan in Saragossa und später an Samuel ha-Nagid einen Beschützer. Er ist Meister der Dichtkunst (religiöse Dichtungen), und der erste Philosoph des Mittelalters in Europa (Neuplatoniker). Seine philosophischen Anschauungen legt er in dem gedankentiefen Werke „Quell des Lebens" (Mekor Chajim, fons vitae) und in dem erhabenen Lob- und Lehrgedichte „Die Königskrone" (Keter Malchut) nieder. Mekor Chajim gehört zu den Grundbüchern der scholastischen Philosophie des Mittelalters. Von Salomo singt Charisi: „Er ist ein König, erhaben, groß; das Lied der Lieder ist Salomos". — Bachja b. Joseph ibn Pakuda, Verfasser der volkstümlichen „Lehre von den Herzenspflichten" (Thorat Chobot ha-Lebabot) und einer philosophischen Schrift „Seelenlehre". Der Dichter Joseph b. Chasdaï und dessen Sohn Abu Fadhl, Vezier des Königs von Saragossa. Amram ibn Schalbib, Geheimsekretär und Gesandter des Königs Alfons VI. von Castilien (1086).

1013—1103 Isak b. Jakob **Al=Fasi** (aus Fez), mit abgekürztem Namen: Rif, Schüler des Nissim und Chananel in Kairnan, nach deren Tod Träger des Talmudstudiums in Nordafrika und seit 1088 in Spanien (Lucena), stellt in seinen „Halachot" alles für die religiöse Praxis Geltende nach der Reihenfolge der Traktate aus dem Talmud zusammen und fügt seine eigenen Entscheidungen hinzu.

Alfassis Gegner: Isak b. Baruch ibn Albalia (gest. 1094), Schützling des Samuel und Joseph ha-Nagid, talmudischer und astronomischer Schriftsteller in Granada, Cordova und Sevilla, Astrolog des Königs von Sevilla, zugleich Rabbiner und Naßi der Juden des sevillanischen Reiches. Der liturgische Dichter

IV. Die Juden auf der pyrenäischen Halbinsel. 23

und talmudische Schriftsteller Isak b. Jehuda ibn Giat (gest. 1089), Rabbiner in Lucena. — Grammatiker und Bibelerklärer: Mose b. Samuel ibn Gikatilla in Saragossa und Jehuda ibn Balam in Sevilla.

1065—1136 Abraham b. Chija ha-Nasi, Polizeiminister in Barcelona, Mathematiker und Astronom. Sein Freund Jehuda b. Barsilaï kommentiert das „Buch der Schöpfung". Joseph ibn Zadik, Rabbiner in Cordova, Verfasser der religionsphilosophischen Schrift „Olam Katon" (Mikrokosmos). Jüdische Beziere im Dienste der almoravidischen Kalifen.

1077—1141 Joseph b. Meir ibn Migasch ha-Levi, der Nachfolger seines Lehrers Alfasi in Lucena, schreibt Gutachten und Erläuterungen zum Talmud. Sein Schüler Maimon b. Joseph. Moses ibn Esra aus Granada (gest. 1139), Dichter des „Tarschisch" und Verfasser einer Poetik, der er einen Bericht über die Träger der jüdisch-spanischen Litteratur anschließt. Seine religiösen Dichtungen (Buß- und Trauerlieder), seine Gelegenheitsgedichte.

1086—1145 Abul Hassan **Jehuda** b. Samuel **ha-Levi,** Schüler des Alfasi, durch die Innigkeit, Gedankentiefe und Formenschönheit seiner weltlichen und religiösen Dichtungen der hervorragendste Dichter der nachbiblischen hebräischen Poesie. Meisterstücke der Weltlitteratur sind seine Gesänge von Zion (Zioniden) und seine Naturschilderungen (Seebilder). In seinem arabisch geschriebenen philosophischen Werke „Kusari" (Chazarenkönig Bulan) zeigt er die Unzulänglichkeit der Philosophie in den höchsten Fragen des Lebens. Auch bedürften nicht die religiösen Grundwahrheiten des philosophischen Beweises, da sie durch unleugbar historische Thatsachen (Offenbarung) bezeugt seien. Israel sei der Träger der Offenbarung und besitze zu deren Erhaltung in den Geboten und Verboten der Thora die geeigneten Mittel. Die Zerstreuung Israels diene dazu, die ihm anvertrauten Lehren unter die Völker der Erde zu verbreiten. Christentum und Islam seien vorbereitende Veranstaltungen zur Läuterung und Veredelung der Menschheit. Das Ziel aller Entwicklung sei das durch Anerkennung der Lehren des Judentums begründete Gottes- und Messiasreich. Nach Vollendung des Kusari (um 1141) verläßt Jehuda Toledo und geht über Ägypten nach Palästina, wo er um 1145 stirbt.

2*

1092—1167 Abraham b. Meïr **ibn Esra** aus Toledo, bedeutend als Bibelerklärer und Sprachforscher, in Nordafrika, Italien (Rom 1140, Mantua, Lucca), Frankreich (Beziers, Rouen) und England (London), erläutert den größten Teil der heiligen Schrift auf Grund der Grammatik und des einfachen Wortsinns, teilt die Resultate der jüd.-spanischen Wissenschaft seinen ausländischen Glaubensgenossen mit (Übersetzung der Schriften des Chajjudsch ins Hebräische; "Mosnajim", die Wage mit einer Einleitung über die Litteratur der hebr. Sprachwissenschaft; "Zachot" über die Correctheit der hebr. Sprache; "Safa Berura", das Buch der lauteren Sprache, mit einer Einleitung über Bibelerklärung und Sprachforschung), verfaßt außerdem philosophische, mathematische, astronomische und astrologische Schriften, religiöse und weltliche Dichtungen, letztere durch Witz und Humor ausgezeichnet.

1148 Auflösung der jüdischen Gemeinden im mohammedanischen Andalusien infolge des von den almohadischen Eroberern geübten Glaubenszwanges. Der Fürst J e h u d a i b n E s r a in Toledo, Neffe des Moses ibn Esra, Befehlshaber der Festung Calatrava, Hausmeister des Kaisers Alfonso Raimundez, nimmt sich der Verfolgten an.

A b r a h a m i b n D a u d halevi in Toledo (gest. 1180), Verfasser des religionsphilosophischen Werkes "Emuna rama" (Der erhabene Glaube) und des geschichtlichen "Sefer ha-Kabbala" (Buch der Überlieferung). — Benjamin b. Jona aus Tudela (gest. 1173) bereist Südeuropa, Nordafrika und Asien und berichtet darüber in einer Reisebeschreibung (Massaot).

1135—1204 Moses (b. Maimon) **Maimonides**, Maimoni, mit abgekürztem Namen: Rambam, geb. (14. Nissan) 30. März 1135 in Cordova, Schüler seines Vaters Maimon b. Joseph. Wegen der Verfolgung durch die Almohaden (1148) verläßt die Familie Maimon Cordova, siedelt um 1160 nach Fez über, von da 1165 nach Akko und schließlich nach Ägypten (Fostat: Alt-Kairo). Nach dem Tode seines Vaters Maimon (1166) und seines Bruders Isak übt Moses die ärztliche Praxis aus, wird Arzt am Hofe des Sultans Saladin und später Leibarzt des Sultans Alasdhal; unbesoldeter Rabbiner der jüdischen Gemeinde Kairos, allgemein anerkannte rabbinische Autorität, der Systematiker des Judentums, "der zweite Moses", der Führer der jüdischen,

IV. Die Juden auf der pyrenäischen Halbinsel.

mohammedanischen und christlichen Denker des Mittelalters (Einfluß auf die Scholastiker Albertus Magnus und Thomas v. Aquino). Stirbt (20. Tebet) 13. Dezember 1204. Sein Sohn Abraham folgt ihm als Leibarzt und Nagid. Maimonis Schriften: Jugendschrift „Biur Millot Higgajon", Terminologie der Logik. „Iggeret ha-Schemad", Rechtfertigung des Verhaltens der jüdischen Scheinmohammedaner Nordafrikas. Arabischer Kommentar zur Mischna (1158—1168) mit ausführlichen Einleitungen (die 13 Glaubenslehren); „Schemone Perakim" (die 8 Abschnitte), Einleitung zum Kommentar der Sprüche der Väter. „Iggeret Teman" (1172) Trostschreiben an die Juden in Jemen und Ermahnung, trotz aller Verfolgung am Glauben festzuhalten. „Mischne Thora" (Wiederholung der Lehre), systematisch geordneter Codex aller Gesetze und Lehren des Judentums in 14 Büchern (1170—1180), von Späteren „Jad ha-chasaka" (die starke Hand) genannt, mit der philosophischen Einleitung „Sefer ha-Madda" (Buch der Erkenntnis); als Vorarbeit zur Mischne Thora diente das „Sefer ha-Mizwot" über die 613 Gebote. „More Nebuchim" (Führer der Verirrten) in arabischer Sprache, vollendet 1190, das Meisterwerk der jüdisch-philosophischen Litteratur, in welchem Maimoni den Widerstreit zwischen Glauben und Philosophie (Aristoteles) ausgleicht. „Maamar Techijat ha-Metim" (1191) über die Auferstehung der Toten. Schreiben an die Gemeinde in Marseille (1194) über den Unwert der Astrologie. Medizinische Schriften (Abhandlung über Gifte, Makrobiotik für den Sultan Alafdhal). Rechtsbescheide.

1215 Papst Innocenz III. führt das Judenzeichen ein.

1170—1230 Jehuda b. Salomo Alcharisi aus Toledo, sprachgewandter und witziger Dichter des „Tachkemoni" (nach dem Muster der Makamen des arabischen Dichters Hariri), übersetzt den More Nebuchim und einen Teil des Maimonidischen Mischnakommentars ins Hebräische.

1232 Meir Abulafia, Rabbiner in Toledo, und Jehuda ibn Alfachar, Leibarzt Ferdinands III. von Castilien, treten gegen die Schriften Maimonis auf. Für diesen ergreifen in Spanien Partei: Bachiel b. Moses in Saragossa, Leibarzt Jakobs I. von Aragonien, und der Dichter Abraham b. Chasdaï in Barcelona,

IV. Die Juden auf der pyrenäischen Halbinsel.

Übersetzer arabisch-philosophischer Schriften und des Sittenbuches „Ben ha-Melech we-ha-Nasir" (der Prinz und der Nasiräer).

1195—1270 Moses (b. Nachman) **Nachmanides**, Nachmani, Ramban, Rabbiner und Arzt in Gerona, verteidigt in seinem „Milchamot" (Kämpfe) die Halachot des Alfaßi gegen die Angriffe des Serachja ha-Levi und erläutert den größten Teil des Talmud. Im Streite um die Schriften Maimonis nimmt er eine vermittelnde Stellung ein. Nach einer Disputation mit dem Apostaten Paulus Christianus (Fra Pablo) in Barcelona (1263) wandert er 1267 nach Palästina und verfaßt dort seinen Kommentar zum Pentateuch.

Am Hofe Alfons' X. von Castilien (1252—1284) leben als Schatzmeister Meir de Malea, dem sein Sohn Isak (Zag) im Amte folgt, und als Leibarzt und Hofastronom Juda b. Moses Kohen. Der Astronom Isak ibn Sid, Vorbeter in Toledo, fertigt für den König astronomische Tafeln an (die Alfonsinischen Tafeln).

1235—1310 Salomo b. Abraham **ibn Adret**, Raschba, Rabbiner in Barcelona, Schüler des Jona Gerondi und des Nachmanides, Verfasser von Kommentaren zum Talmud und eines Ritualwerkes über die Speisegesetze „Thorat ha-Bajit" (Lehre des Hauses), welches er gegen die Kritik des Aharon b. Joseph ha-Levi „Bedek ha-Bajit" (Risse des Hauses) in einem neuen Werke „Mischmeret ha-Bajit" (Wache des Hauses) in Schutz nimmt. Er tritt dem Treiben des messianischen Schwärmers Abraham b. Samuel Abulafia entgegen, verbietet (1305) durch Bann für die nächsten 50 Jahre die Beschäftigung mit der Philosophie vor zurückgelegtem 25. Lebensjahre und verteidigt das Judentum gegen christliche und mohammedanische Angriffe. Seine zahlreichen Rechtsbescheide.

Die kabbalistischen Schriftsteller: Todros b. Joseph ha-Levi in Toledo, Schatzmeister Sanchos IV. von Castilien; Abraham b. Samuel Abulafia aus Saragossa, der sich in Sicilien (1284) für den Messias ausgiebt; Moses b. Schemtob de Leon (gest. 1305), mutmaßlicher Verfasser des Buches „Sohar" (Glanz). Die philosophischen Schriftsteller: Schemtob b. Joseph Falaquera, Kommentator des More Nebuchim, und Isak Albalag.

1250—1327 Ascher b. Jechiel aus der Rheingegend, Ascheri,

IV. Die Juden auf der pyrenäischen Halbinsel.

Rosch, Schüler des Meir von Rothenburg, verläßt Deutschland und wird 1305 Rabbiner in Toledo, erweitert und berichtigt die Halachot des Alfaßi. Seine Rechtsbescheide, sein Testament („Sei aufrichtig und wahr gegen jedermann, auch gegen Nichtjuden; grüße jeden zuerst ohne Unterschied des Glaubens"). — Isak Aboab, Verfasser des agadisch-moralischen Sammelwerkes „Menorat ha-Maor" (Leuchter des Lichts). Isak b. Joseph Israeli schreibt über Geometrie und Kalenderwesen (Jesod Olam). **Jakob b. Ascher** (gest. 1340), Verfasser eines neuen Religionscodex über die geltende religiöse Praxis (mit Angabe der Quellen und unter Berücksichtigung der Minhagim) „Arbaa Turim" (Die 4 Reihen): „Orach Chajim (Pfad des Lebens), „Jore Dea" (lehrt die Erkenntnis), „Eben ha-Eser" (Stein der Hilfe), „Choschen Mischpat" (Brustschild des Rechtes). Sein Bruder Jehuda b. Ascher (gest. 1349), Nachfolger des Vaters als Rabbiner in Toledo, hinterläßt Rechtsbescheide. — Jomtob b. Abraham (Ritba) aus Sevilla erläutert den Talmud, Vidal Jomtob aus Tolosa einen Teil der Mischne Thora Maimonis (Maggid Mischne), David Abudarham bearbeitet den synagogalen Ritus.

1328 Verfolgung der Juden in dem damals französischen Navarra (Estella).

1336 Der Apostat und judenfeindliche Schriftsteller Abner aus Burgos (Alfons Burgensis de Valladolid) verläumdet die Juden bei Alfons XI. von Castilien und disputiert mit ihnen in Valladolid. Im Dienste Alfons' (1325—1350) stehen Joseph von Ecija, Schatzmeister und Ratgeber des Königs; Samuel ibn Wakar, Leibarzt und Münzmeister.

1348 Die Juden in Catalonien und Aragonien werden der Brunnenvergiftung beschuldigt und verfolgt.

1357 Samuel b. Meir ha-Levi Abulafia, Oberschatzmeister und Vertrauter des Königs Pedro von Castilien (1350—1369) erbaut die Synagoge in Toledo. Santob de Carrion widmet seine in castilianischer Sprache gedichteten „Ratschläge und Belehrungen" dem König. — Im Bruderkrieg zwischen Pedro und Heinrich de Trastamare nehmen die Juden für ersteren Partei (Leiden der Juden Castiliens, Vernichtung der Gemeinde in Toledo).

1375 Moses Kohen de Tordesillas verteidigt in Avila das Judentum öffentlich gegen den Apostaten Johannes von Valladolid, Schemtob b. Isak Schaprut (Verfasser der polemischen Schrift

„Eben Bochan": Prüfstein) in Pampeluna gegen den Cardinal Pedro de Luna. Der Staatsmann Samuel Abravanel am Hofe Heinrichs II. von Castilien (1369—1379), der Obersteuerpächter Joseph Pichon in Sevilla.

Nissim Gerondi b. Ruben in Barcelona (gest. 1380), Ran, verfaßt Erläuterungen zum Talmud und zu den Halachot des Alfaßi, schließt die Reihe der ältesten Decisoren (Rischonim). Menachem b. Serach in Toledo (gest. 1385), Verfasser des Ritual-Kompendiums „Zeda la-Derech".

1391 Niedermetzelung der Juden und Zwangstaufen in Andalusien, Castilien, Valencia, Mallorca und Catalonien. Die Marannen (Anußim). Der Apostat Paulus Burgensis, Pablo de Santa Maria, greift in Sendschreiben an Joseph Orabuena, Leibarzt Karls III. von Navarra und Oberrabbiner der navarresischen Gemeinden, und an Meir Alguades, Leibarzt Heinrichs III. von Castilien und Oberrabbiner Castiliens, das Judentum an. Ihm tritt (1396) mit dem ironischen Sendschreiben „Al tehi ka-Abotecha" entgegen der Astronom, Geschichtschreiber und Grammatiker Profiat Duran, Efodi, Verfasser der polemischen Schrift „Kelimat ha-Gojim" und der hebräischen Grammatik „Maaße Efod".

Isak b. Scheschet, Ribasch, Schüler des Nissim Gerondi, Rabbiner in Saragossa, Valencia und Tortosa, Verfasser von Rechtsbescheiden, gest. 1410 als Oberrabbiner in Algier, wohin er nach der großen Verfolgung 1391 auswandert. Sein Nachfolger in Algier ist der aus Mallorca geflüchtete Simon b. Zemach Duran, (gest. 1444), Raschbaz, der erste besoldete Rabbiner, Verfasser der religionsphilosophischen und polemischen Schrift „Magen Abot" (Schild der Väter) und der Gutachtensammlung „Taschbaz". Dessen Sohn und Nachfolger Salomo Duran (gest. 1467) hinterläßt die Gutachtensammlung „Taschbasch".

1410 **Chasdaï Kreskas** in Barcelona und Saragossa, Schüler des Nissim Gerondi, widerlegt (1398) in einer spanisch geschriebenen Abhandlung die christlichen Dogmen und verfaßt (1410) das religionsphilosophische Werk „Or Adonaj" (Gotteslicht). In diesem weist er die Einwendungen der Philosophie zurück und zeigt, daß der Mensch seine geistige Vollkommenheit nicht durch philosophische Erkenntnis, sondern in erster Reihe durch die Liebe zu Gott erlange; diese werde durch Ausübung der göttlichen Gebote bethätigt.

IV. Die Juden auf der pyrenäischen Halbinsel.

1412 **Die Judenbekehrungen** des Dominikaners Vicente Ferrer in Castilien und Aragonien. Entehrende Gesetzgebung der von Paulus Burgensis beeinflußten Regentin Catalina von Castilien (Zwang zur Judentracht, Einrichtung von Judenvierteln, Verbot des Handwerks, der ärztlichen Thätigkeit, des Waffentragens, der Freizügigkeit, der eigenen Gerichtsbarkeit).

1413—1414 Disputation zu Tortosa in 68 Sitzungen zwischen dem Apostaten Geronimo de Santa Fé (Josua Lorki) und 22 jüdischen Notabeln Aragoniens (an deren Spitze der Arzt und Dichter Vidal Benveniste ibn Labi aus Saragossa, der Philosoph Joseph Albo).

1428 **Joseph Albo** aus Monreal (gest. 1444), Arzt und Prediger, schreibt in Soria sein religionsphilosophisches Werk „Ikkarim", in welchem er das Judentum auf drei Grundlehren zurückführt: Dasein Gottes, göttliche Offenbarung, Vergeltung nach dem Tode.

1432 Synode der castilianischen Rabbiner und Notabeln in Valladolid unter Vorsitz des Hofrabbiners und Oberrichters Abraham Benveniste (Castilianische Gemeindeordnung).

1438 **Jehuda Cresques** (Mestre Jaime) aus Palma, geschätzter Verfertiger geographischer Karten und nautischer Instrumente, „der Kartenjude, Kompaßjude" genannt, seit 1391 als Maranne in Barcelona, wird von Heinrich dem Seefahrer zum Leiter der neubegründeten nautischen Akademie zu Sagres ernannt, und dadurch Lehrer der Portugiesen in der Schifffahrtskunde.

1443 Johann II. von Castilien gestattet, daß die Juden wie früher Handwerker seien (Weber, Goldarbeiter, Zimmerleute, Barbiere, Schuhmacher, Schneider, Müller, Kupferschmiede, Sattler, Seiler, Töpfer, Wagenbauer, Korbmacher).

1450 Der Philosoph und Prediger Joseph ibn Schemtob. **Isak Campanton** (gest. 1463), Rabbiner in Toledo, Gaon von Castilien. Isak Arama, Verfasser der Homiliensammlung, „Akedat Jizchak". Der Franziskanergeneral Alfonso de Espina verbreitet in seinem judenfeindlichen Buche „Fortalitium fidei" (Glaubensfestung) die Märchen von Kindermord und Hostienschändung (1460).

1473 Verfolgung der Marannen in Castilien.

Abraham Zacuto, Professor für Mathematik und Astronomie an der Universität in Salamanca, verfaßt 1473 seine den Entdeckungsfahrern unentbehrlichen astronomischen Tabellen

IV. Die Juden auf der pyrenäischen Halbinsel.

und Tafeln (Almanach perpetuum), tritt 1486 in der Konferenz von Salamanca für das Unternehmen des Columbus ein, folgt 1492 seinem Lehrer Jsak Aboab (dem Nachfolger Campantons in Toledo) nach Porto, wird in Lissabon Hofastrolog und Chronikschreiber des Königs Emanuel, erteilt 1497 Vasco de Gama die nötigen Instruktionen und wandert dann nach Tunis aus, wo er (1505) seine Geschichtschronik „Sefer Jochasin" (Geschlechtsregister) zusammenstellt.

1478 Papst Sixtus IV. bevollmächtigt das spanische Königspaar (Ferdinand von Aragonien und Isabella von Castilien) zur Einführung außerordentlicher Glaubensgerichte (I n q u i s i t i o n) gegen die Marannen.

1480 Abraham Senior, Obersteuerpächter und Großrabbiner von Castilien, erhält für seine dem Staate geleisteten Dienste ein jährliches Ehrengehalt.

1481 Eröffnung des Inquisitionsgerichtes im christlichen Andalusien (Sevilla, Cadiz). Verbrennung von Marannen (A u t o d a f é). Das denselben abgenommene Vermögen gewährt dem Königspaar die Mittel zur Fortsetzung des Krieges gegen die Mauren. Die Juden werden aus den Diözesen Sevilla und Cordova ausgewiesen.

1483 Thomas de Torquemada wird Generalinquisitor mit außerordentlicher Gewalt.

1484 Jose Vecinho, Astronom und Leibarzt Johanns II. von Portugal, und der Mathematiker Moses erfinden auf Grund der Zacutoschen Tafeln im Verein mit zwei christlichen Kollegen das nautische Astrolab (Instrument, um aus dem Stande der Sonne die Entfernung des Schiffes vom Äquator zu bestimmen) und ermöglichen so die spanischen und portugiesischen Entdeckungen. Jose übersetzt den Almanach seines Lehrers Zacuto ins Lateinische und Spanische.

1485 Eröffnung der Inquisition in Toledo und Einführung derselben in Aragonien. Der Inquisitionsrichter Pedro de Arbues in Saragossa. Marannen in den höchsten Stellungen des Staates und der Kirche.

1437—1509 Jsak b. Juda **Abravanel** in Lissabon, Beschützer seiner Glaubensgenossen, Finanzminister Alfons' V. von Portugal und 1484 Ferdinands und Isabellas, nach der allgemeinen Ausweisung (1492) Finanzmann Ferdinands I. und seines Nachfolgers Alfons II. in Neapel, dann in Sicilien, Korfu, Mo-

IV. Die Juden auf der pyrenäischen Halbinsel. 31

nopoli, Venedig litterarisch und zuletzt diplomatisch thätig. Seine
Bibelkommentare.

1492 Die Marannen, der kgl. Rat Luis de Santangel und der
Januar Generalschatzmeister Aragoniens Gabriel Sanchez, veranlassen,
daß die Verhandlungen mit Columbus wieder aufgenommen
werden; Santangel leiht die zur Ausrüstung der Expedition
nötigen Summen.

März 31 Nach dem Falle des mohammedanischen Granada befiehlt das
Königspaar unter Angabe religiöser Gründe, daß bei Todes-
strafe alle Juden Spanien, Sicilien und Sardinien binnen vier Monaten unter Zurücklassung ihres Bar-
vermögens zu verlassen haben.

August 2 **Auswanderung** von 300000 Juden **aus Spanien** nach Na-
varra, Frankreich, Portugal, Nordafrika, Italien, Türkei. Gräßliche
Leiden der des Vaterlandes Beraubten, viele gehen unterwegs zu
Grunde. — Johann II. von Portugal nimmt 120000 gegen hohes
Einzugsgeld für acht Monate in seinem Lande auf. Handwerker, be-
sonders Metallarbeiter und Waffenschmiede, dürfen länger bleiben.

August 3 Unter der Schiffsmannschaft des von Palos absegelnden Columbus
befinden sich Marannen. Ein solcher, Luis de Torres, ist der
erste Europäer, der amerikanischen Boden (Cuba) betritt. Die
ersten Mitteilungen über seine Entdeckungen richtet Columbus an
seinen Beschützer Luis de Santangel.

1493 Ferdinand von Aragonien läßt das von den Juden zurückgelassene Vermögen einschließlich der Wechsel und Schuldforderungen für den
Staatsschatz einziehen. Mit dem den Juden abgenommenen Gelde
werden die Ausrüstungskosten der zweiten Expedition des Columbus
bestritten. — In Portugal macht der König die nach Ablauf des Ter-
mins zurückgebliebenen spanischen Flüchtlinge zu Sklaven. Ihre
Kinder werden getauft und nach den St. Thomasinseln transportiert.

1497 Vertreibung der Juden aus Portugal. Noch innerhalb der
gegönnten Frist läßt König Emanuel alle Kinder unter 14 Jahren
gewaltsam taufen. Dasselbe geschieht mit den nicht ausgewanderten
Erwachsenen nach Ablauf der Frist.

1498 Vertreibung der Juden aus Navarra.

1500 Der Portugiese Cabral fährt auf den Rat des „jüdischen Piloten"
Gaspar von Indien aus nach Süden und entdeckt Brasilien.
Als Dank für die wertvollen Dienste, die Gaspar der portu-

giesischen Flotte (Vasko de Gama) leistet, verleiht ihm König Emanuel die Ritterwürde.
1506 Niedermetzelung der Marannen in Lissabon.
1531 Einführung der Inquisition in Portugal.
1680 In Madrid werden 18 Marannen, die sich zum Judentume bekennen, zu Ehren der jungen Königin Maria Louise von Orleans in Anwesenheit des Hofes und Adels verbrannt. Der König Karl II. zündet selbst den Scheiterhaufen an.
1739 Der Maranne Antonio Jose da Silva, bedeutender portugisischer Dramatiker, wird in Lissabon verbrannt. Letztes Autodafé in Portugal 1766, in Spanien 1781.

V. Die Juden in den übrigen Ländern während des Mittelalters.

A. In Italien.

Erste Ansiedlungen der Juden in Rom und in den unteritalienischen Städten bereits vor der Eroberung Jerusalems durch Pompeius. Tacitus: „Die Juden denken sich nur im Geiste und nur ein einziges, göttliches Wesen, dieses sei ewig, unwandelbar und unvergänglich".

536 Die Juden verteidigen Neapel gegen Belisar.
868 Verfolgung der süditalienischen Juden durch Kaiser Basilius I. von Byzanz. Die liturgischen Dichter Salomo b. Juda in Rom, Schefatja und dessen Sohn Amittai in Oria.
950 **Sabbataï Donnolo** aus Oria, Arzt, Astrolog und Botaniker (gest. 970), der erste europäische schriftstellernde Jude. Talmudstudium in Bari und Otranto. Das Midraschwerk „T a n a d e b e E l i j a h u" („Wer mit uns umgeht, ist als unser Bruder zu betrachten, daher ist Übervorteilung eines Nichtjuden verboten"). Das Buch Josippon.
982 Der Jude Kalonymos rettet nach der Schlacht bei Cotrone dem deutschen Kaiser Otto II. das Leben.
1054 Achimaaz b. Paltiel in Oria schreibt seine gereimte Familienchronik.
1101 **Nathan b. Jechiel** in Rom beendet sein talmudisches Lexikon (Aruch) S a l o m o n P a r c h o n in Salerno bearbeitet hebräisch das Wörterbuch des Ibn Djannach (1160). Jechiel, Hausmeister des Papstes Alexander III. Blüte des jüdischen Seidenweber- und Färbereihandwerks in Sicilien und Unteritalien.
1232 **Jakob** b. Abbamari b. **Anatoli,** Hofgelehrter Kaisers Friedrich II.

V A. Die Juden in Italien während des Mittlelalters.

in Neapel, übersetzt arabisch-philosophische und astronomische Schriften und legt unter dem Titel „Malmad ha-Talmidim (Stachel der Lernenden) eine Sammlung seiner Sabbatvorträge an („Die Griechen haben sich die Weisheit erwählt, die Römer die Macht, die Juden die Sittlichkeit"). Jesaja da Trani (gest. 1270) kommentiert den Talmud und erklärt die heilige Schrift. Am Hofe Carls I. von Anjou in Neapel (1266—1284) ist der Arzt Faradsch b. Salem (Farragut) als Übersetzer arabisch-medizinischer Schriften thätig. Das Sittenbuch (1278) des Jechiel b. Jekutiel b. Benjamin in Rom („Wollt ihr an euren Feinden Rache nehmen, so bestehe sie darin, daß ihr besser werdet").

1312 Einführung des Ghettozwangs in Sicilien.

1328 **Immanuel b. Salomo** (Manoello) aus Rom, Bibelerklärer und lyrisch-satyrischer Dichter, führt das Sonett in die hebr. Dichtung ein, verfaßt die Liedersammlung „Sefer Machberet", in deren letzten Abschnitt „Hölle und Paradies" er die „Göttliche Kommödie" seines Freundes Dante nachahmt. Während Dante alle Nichtchristen ohne Ausnahme in die Hölle versetzt, läßt Immanuel die frommen und sittlichen Nichtjuden des Paradieses teilhaftig werden. **Kalonymos b. Kalonymos** (Maëstro Calo), als Übersetzer im Dienste Roberts I. von Neapel in Arles und Rom thätig, Philosoph und Dichter, geißelt (1323) in seiner satyrischen Schrift „Eben Bochan" (Prüfstein) die Gebrechen seiner Zeit und ist Verfasser des parodistischen Purimtraktates. Der Philosoph und Übersetzer Juda (Leone) Romano, Lehrer Roberts I. im Hebräischen.

1392 Angelo di Manuele wird Leibarzt des Papstes Bonifaz IX.

1460 Die Rabbiner: Joseph Kolon (gest. 1480) in Bologna, Mantua und Pavia; Juda Minz (gest. 1508) in Padua; **Obadja da Bertinoro,** der 1486 nach Jerusalem auswandert, Verfasser eines Kommentars zur Mischna. Messer Leon (Juda b. Jechiel), Arzt in Mantua, schreibt außer philosophischen und grammatischen Schriften eine hebräische Rhetorik (Nofet Zufim), in welcher er Cicero und Quinctilian zur Vergleichung heranzieht.

Elia del Medigo, (Elia Cretensis (gest. 1497), macht die christlichen Forscher Italiens mit Aristoteles, Averroës und Maimoni durch Übersetzungen und philosophische Arbeiten in lateinischer Sprache bekannt und lehrt öffentlich Philosophie in Florenz und Padua. In seiner Schrift „Bechinat ha-Dat" (Prüfung der Religion) führt er aus, daß die Grundlehren des Judentums dem schlichten Menschenverstande einleuchten, dem philosophisch gebildeten Geiste aber keinen Anstoß geben; das Judentum beruhe mehr auf religiösen Handlungen, als auf Dogmen. Sein Schüler: der Humanist Pico de la Mirandola.

1475 Beginn des hebr. Buchdruckes. Die Druckerfamilie der Soncinaten.
1492 Vertreibung der Juden aus Sicilien auf Befehl Ferdinands von Aragonien. Die kgl. Beamtenschaft und die Stadtgemeinden protestieren gegen den Beschluß, da die Insel durch die Judenausweisung ruiniert werde; fast alle Handwerker, ausschließlich aber die Eisenarbeiter, seien Juden. Vertreibung aus Sardinien, wo die Juden am Handel, Handwerk, Bergbau und der Architektur erheblichen Anteil nahmen.

B. In England.

Erzbischof Theodor von Canterbury (669—691) verbietet den Christen seiner Provinz, an den gottesdienstlichen Verrichtungen der Juden teil zu nehmen.
1143 Die Juden werden zum ersten Male des Ritualmordes beschuldigt (Norwich).
1180 Heinrich II. erklärt alle Juden seines Landes und deren Besitz für sein Eigentum.
1189 Der dritte Kreuzzug beginnt mit einer Niedermetzelung der Juden in London und anderen englischen Städten (York 1190).
1210 Johann ohne Land läßt alle Juden Englands einkerkern, um Geld von ihnen zu erpressen. An Heinrich III. und Eduard I. müssen die Juden (von 1266 ab) binnen sieben Jahren $8^{1}/_{2}$ Millionen Mark zahlen. — Der Lexikograph Moses b. Isak. Der Dichter Meïr b. Elia aus Norwich. Das Ritualbuch „Ez Chajim" des Londoner Vorbeters Jakob b. Jehuda (1287).
1290 Vertreibung der Juden aus England. Arm und elend verlassen 16000 das Land. Die nach Frankreich Flüchtenden werden von dort aufs neue (1291) ausgewiesen.

C. In Gallien, Germanien und im fränkischen Reiche.

Juden als Getreidelieferanten der römischen Legionen in Gallien (58—51) und am Rhein (12 v.—16 n. Beg. d. christl. Zeitr.) Die Herodäer Archelaus in Vienne (6) und Herodes Antipas in

V C. Die Juden in Gallien, Germanien und im fränkischen Reiche.

Lyon (39). Während des ersten nachchristlichen Jahrhunderts gehen die Handelsstationen in dauernde Niederlassungen über. Bildung der Gemeinden in Marseille, Arles, Narbonne, Trier, Köln.

321 Kaiser Constantin gestattet, die Juden in Köln zu den Lasten der städtischen Ämter heranzuziehen, nur zwei oder drei sollen davon verschont bleiben.

331 Kaiser Constantin befreit die Geistlichen, die Vorsteher und die Beamten der Kölner Synagoge von allen persönlichen Leistungen. — Jüdische Niederlassungen in Metz, Mainz, Worms, Regensburg, Wien.

Nach Vernichtung der römischen Herrschaft (486) und nach Einführung des katholischen Christentums (496) verschärfen verschiedene Konzilien die römisch-christliche Gesetzgebung gegen die Juden. Weitere jüdische Niederlassungen in Avignon, Lyon, Clermont, Orleans, Poitiers, Paris u. a.

508 Die Juden sind bei der Verteidigung von Arles thätig.
562 Zwangstaufen durch König Chilperich.
629 Zwangstaufen bzw. Vertreibung der Juden durch König Dagobert auf Veranlassung des Kaisers Heraklius.

Gesicherte Stellung der Juden unter Karl dem Großen (768—814) und Ludwig dem Frommen (814—840). Die Juden sind fast ausschließlich die Vertreter des Warenhandels, vermitteln als Großkaufleute im Verein mit den Syrern den Handelsverkehr zwischen Morgen- und Abendland.

802 Der einer Gesandtschaft Karls d. Gr. an den Kalifen Harun al Raschid beigegebene Jude Isak überbringt nach dem Tode seiner Gefährten dem Kaiser die Geschenke des Kalifen nach Aachen und erstattet Bericht.

825 Judenfeindliche Schriften des Erzbischofs Agobard von Lyon und seines Nachfolgers Amulo (846).

839 Der Hofgeistliche Bodo tritt zum Judentume über.

D. In Frankreich.

1000 Talmudische Hochschule in Narbonne. Leontin (Jehuda b. Meir ha-Kohen), Begründer des Talmudstudiums in Frankreich und Deutschland. Sein Schüler Gerschom b. Jehuda.

1010 Die Juden in Limoges, welche sich nicht taufen lassen wollen, werden ausgewiesen.

1049 Niedermetzelung der Juden in Lyon.

1040—1105 Salomo b. Jsak, Jizchaki, **Raschi,** in den rheinischen Hochschulen (Mainz, Worms) herangebildet, seit 1064 in Troyes, gest. 29. Tammus 1105, liturgischer Dichter, erleichtert das Studium des Talmud durch einen kurz und klar abgefaßten Kommentar und erläutert auf Grund der Grammatik und des einfachen Wortsinns (Peschat), sowie unter Heranziehung der Agada (Derasch), die meisten Bücher der hl. Schrift. Seine Rechtsbescheide (Pardes, Siddur). — Die Jünger Raschis ergänzen den Talmud durch Zusätze: Die Toßafisten. Raschis Schwiegersöhne: Meir b. Samuel aus Rameru und Jehuda b. Natan. Die Söhne des Meir b. Samuel: Jsak, Samuel (Raschbam), Jakob Tam (Rabbenu Tam) und der Exeget Salomo.

1096 Verfolgung der Juden in Rouen anläßlich des ersten Kreuzzuges.

Samuel b. Meir in Rameru, Raschbam, überarbeitet und vervollständigt den Talmudkommentar seines Großvaters Raschi und erläutert, dem „Peschat" folgend, den Pentateuch sowie andere Bücher der heiligen Schrift. In gleicher Weise erklärt Joseph b. Simon Kara die prophetischen Bücher und einen Teil der Hagiographen.

1147 Verfolgung der französischen Juden anläßlich des zweiten Kreuzzuges.

Jakob Tam (Rabbenu Tam) in Rameru (gest. 4. Tammus 1171), Enkel Raschis, der bedeutendste Toßafist, liturgischer Dichter, tritt im Streite zwischen Menachem b. Saruk und Dunasch b. Labrat mit einer besonderen Schrift für ersteren ein, wechselt Gedichte mit Abraham ibn Esra, erneuert und vermehrt im Verein mit anderen Rabbinern die Verordnungen des Gerschom b. Jehuda. Jakobs Rechtsbescheide (Sefer hajaschar). — Sein Neffe, der Toßafist Jsak b. Samuel, der Ältere, Ri. aus Dampierre.

1171 Die Juden in Blois werden des Ritualmordes angeklagt und verbrannt. Ludwig VII. mißbilligt die Blutbeschuldigung

1180 Philipp August läßt alle Juden seines Gebietes (Isle de France) während des Gottesdienstes gefangen nehmen und giebt sie erst nach Zahlung eines hohen Lösegeldes frei. Im Jahre darauf erklärt er alle Schuldforderungen der Juden für nichtig, vertreibt die so Verarmten und konfisziert ihr unbewegliches Vermögen, gestattet ihnen aber 1198 die Rückkehr.

1200 Die Toßafisten: Jehuda Sir Leon b. Jsak, der Fromme, in Paris; Simson b. Abraham in Sens (Sens-Toßafot) und dessen Bruder Jsak der Jüngere, Rizba, in Dampierre.

VD. Die Juden in Frankreich während des Mittelalters. 37

1223 Erneute Aufhebung der Judenschulden durch Ludwig VIII. Blüte der jüdischen Gemeinden in der Provence. Serachja ha-Levi aus Gerona in Lunel (gest. 1186), liturgischer Dichter, glossiert in seinem „Sefer ha-Maor" (Buch der Leuchte) die Halachot des Alfasi. **Abraham b. David** aus Posquières (gest. 1198), Rabed, schreibt zur Mischne Thora Maimonis berichtigende Glossen (Hassagot) und tritt gegen Serachja für Alfasi ein. Die Grammatiker- und Exegeten-Familie der **Kimchiden** in Narbonne: Joseph b. Isak Kimchi aus Spanien bearbeitet hebräisch die Ergebnisse der von Chajjudsch und Djannach in arabischer Sprache veröffentlichten grammatischen Studien (teilt zuerst die Vokale in lange und kurze ein). Seine Söhne Moses und **David Kimchi** (Redak). Letzterer (gest. ca. 1234), Verfasser eines Kommentars zur Genesis, zu den Propheten und den Psalmen, wird durch seine Grammatik und sein Wörterbuch der Lehrer der hebr. Sprache für die Juden und Christen Europas. Die Übersetzer-Familie der **Tibboniden** in Lunel: Jehuda ibn Tibbon (gest. 1190) übersetzt die arabisch geschriebenen Hauptwerke des Saadia, Ibn Djannach, Bachja und Jehuda ha-Levi ins Hebräische. Sein Sohn Samuel (gest. 1230), Übersetzer des More Nebuchim, eines Teiles des Mischnakommentars Maimonis und arabisch-philosophischer Schriften. Sein Enkel Moses, gleich seinem Großvater und Vater Arzt und Lehrer der Arzneikunde, Übersetzer philosophischer und medizinischer Schriften.

1232 Salomo b. Abraham in Montpellier und dessen Schüler Jona Gerondi eröffnen den Kampf gegen die Schriften Maimonis. Die südfranzösischen und aragonischen Gemeinden sprechen sich für Maimoni aus.

1233 Verbrennung der philosophischen Schriften Maimonis durch die Dominikaner in Montpellier und Paris.

1236 Niedermetzelung der Juden durch die Kreuzfahrer in Anjou, Poitou, Bretagne und in den anstoßenden Landschaften.

1239 Die Juden werden aus der Bretagne vertrieben.

1240 Disputation in Paris zwischen dem Apostaten Nikolaus Donin und den Rabbinern Jechiel aus Paris, Moses aus Coucy, Jehuda aus Melun und Samuel aus Evreux auf Befehl Ludwigs IX.

1242 Vierundzwanzig Wagenladungen Talmudhandschriften werden in Paris verbrannt. — Berachja ha-Nakdan aus Südfrankreich, Verfasser der Fuchsfabeln (Mischle Schualim).

1250 Der Toßafist und Prediger Moses aus Coucy bearbeitet in seinem „Sefer Mizwot gadol" (Semag) die 613 Gesetze mit Angabe der Quellen bis auf seine Zeit. Toßafotsammlungen des Samuel aus Falaise und der Brüder Samuel und Moses aus Evreux (Evreux-Toßafot).

1254 Ludwig IX. vertreibt die Juden mit Ausnahme der Handwerker, nimmt sie aber bald wieder auf.

1261 Schemtob b. Isak aus Tortosa, Lehrer der Arzneikunde in Marseille, macht seine christlichen Zuhörer mit den Ergebnissen der arabischen Schule bekannt.

1270 Toßafotsammlungen des Elieser aus Touques (Tuch-Toßafot) und des Perez aus Corbeil (gest. 1300). Das „kleine Buch" der Gesetze" des Isak aus Corbeil (Semak).

1304 Abba Mari b. Moses in Montpellier (Astruc de Lunel) fordert den Rabbiner Salomo ibn Adret auf, der Jugend das Lesen philosophischer Schriften zu verbieten. Ihm treten entgegen Jakob b. Machir ibn Tibbon (Don Profiat, Profatius), Arzt, mathematischer und astronomischer Schriftsteller (Beobachtung über die Abweichung der Erdachse), Übersetzer arabisch-philosophischer Werke, Dekan der medizinischen Fakultät in Montpellier, und Jedaja b. Abraham aus Beziers (Bedarschi, Penini), der Dichter der „Prüfung der Welt" (Bechinat Olam).

1306 **Vertreibung der Juden aus Frankreich** durch Philipp IV., den Schönen. Ihr gesamtes bewegliches und unbewegliches Vermögen sowie ihre Schuldforderungen zieht der König ein, nur die Kleider auf dem Leibe bleiben ihnen und Zehrung für einen Tag. An 100000 Juden verlassen ausgeplündert das Land, das die Väter seit der Römerzeit bewohnt hatten. Zu den Vertriebenen gehören Estori Parchi, der die erste Topographie Palästinas schreibt (Kaftor we-Pherach) und Ahron Kohen aus Lunel, Verfasser des Ritualwerkes „Orchot Chajim".

1315 Ludwig X. ruft auf Wunsch des Volkes die Juden nach Frankreich zurück.

1320 Verfolgung und Niedermetzelung der südfranzösischen Juden durch

V D. Die Juden in Frankreich während des Mittelalters.

die Hirten. Mehr als 120 jüdische Gemeinden werden vernichtet, die übrigen ausgeplündert.

1321 Fünftausend Juden werden unter der Anklage der **Brunnenvergiftung** verbrannt. Trotz erwiesener Unschuld müssen die Gemeinden 150000 Pfd. Strafe bezahlen.
Levi b. Gerson (Leon de Bagnols, Leo Hebräns), Ralbag, Gersonides, (gest. um 1344), in Orange, Perpignan und Avignon, bedeutender Astronom (Instrument zur Beobachtung des Himmels), Mathematiker, Philosoph, Bibelerklärer, Verfasser des religionsphilosophischen Werkes „Milchamot Adonaj" (Kämpfe für Gott). Die philosophischen Schriftsteller **Joseph b. Abba Mari Kaspi** aus Argentière, auch als hebr. Sprachforscher und Bibelerklärer thätig, und **Moses Narboni** (Vidal) aus Perpignan.

1348 Die Verbrennung der Juden anläßlich des **schwarzen Todes** nimmt in der Provence ihren Anfang. Papst Clemens VI. tritt vergebens für die Unschuld der Juden ein.

1380 Plünderung und Ermordung von Juden in Paris und anderen Städten.

1394 **Letzte Vertreibung** der Juden **aus Frankreich.** Auswanderung nach der Dauphiné, Provence, dem Kirchenstaate Venaissin (Avignon, Carpentras), Arelat, Deutschland und Italien.

E. Im deutschen Reiche.

965 Otto I. unterordnet die Juden und die übrigen Kaufleute in Magdeburg der Gerichtsbarkeit des dortigen Bischofs, ebenso schenkt er dem Bistum Merseburg die Steuern der dortigen Juden und Kaufleute (973). Die Familie der **Kalonymiden** (liturgische Dichter und Talmudlehrer) siedelt aus Lucca nach Mainz und Speier über. Der liturgische Dichter Simon b. Isak (der Große) in Mainz.

970—1040 **Gerschom b. Jehuda** aus Metz, Schüler Leontins, „Meor ha-Gola" (Die Leuchte des Exils), Rabbiner in Mainz und Lehrer an der talmudischen Hochschule daselbst. Seine Rechtsbescheide und Verordnungen (Tekanot de-Rabbenu Gerschom).

1012 Der Geistliche Wezelinus tritt zum Judentum über. Heinrich II. vertreibt die Juden vorübergehend aus Mainz. Bau der Synagogen in Köln (1012) und Worms (1034).

1050 Gerschoms Schüler: Elieser b. Jsak (der Große) in Worms, Verfasser des Testamentes „Orchot Chajim" (Pfade des Lebens), und die Lehrer Raschis Jakob b. Jakar und Jsak ha=Levi in Worms, Jsak b. Jehuda in Mainz. Der Schule des Jsak b. Jehuda gehört der erste Talmudkommentar in Europa an (Mainzer Kommentar) Raschis Mitschüler und Zeitgenosse: Eliakim ha=Levi in Speier.

1074 Heinrich IV. belohnt die Juden und die übrigen Wormser Bürger für ihre Treue.

1084 Um das Ansehen des vor der Stadt Speyer gelegenen Dorfes Altspeyer zu erhöhen, werden auch dort vom Bischof Juden aufgenommen.

1090 Heinrich IV. erteilt den Speyrer und Wormser Juden günstige Privilegien.

1096 Dem ersten Kreuzzuge gehen vorher Niedermetzelung und Zwangstaufen der Juden in Trier, Metz, Speyer, Worms, Mainz, Bistum Köln, Regensburg, Prag.

1097 Heinrich IV. erlaubt den gewaltsam getauften Juden, zu ihrer früheren Religion zurückzukehren. — Der erste Toßafist Jsak b. Ascher ha=Levi, der Ältere, Riba, in Speyer.

1103 Im Mainzer Landfrieden wird den Juden Schutz zugesichert. Be= ginn ihrer Zugehörigkeit zur kaiserlichen „Kammer". Entwicklung der Kammerknechtschaft während des 12. Jahrhunderts.

1140 Salomo b. Simeon in Mainz und der dortige Rabbiner und liturgische Dichter **Elieser b. Nathan**, Raben, Verfasser des halachischen Sammelwerkes „Eben ha=Eser", beschreiben die Judenverfolgungen des ersten Kreuzzuges. — Die Kirchenreform zwingt die Klöster, die bisher von ihnen betriebenen Gelddar= lehnsgeschäfte aufzugeben. Letztere werden von den Juden über= nommen, da ihnen der Warenhandel immer mehr erschwert wird.

1146 Judenverfolgung zum Beginn des zweiten Kreuzzuges trotz des von Konrad III. gewährten Schutzes. Gegen den Mönch Rudolf, der zur Vernichtung aller Juden auffordert, schreitet der Abt Bernhard von Clairvaux ein. Judengemetzel und Zwangstaufen in Würzburg (1147). Die Verfolgungen beschreibt Ephraim b. Jakob aus Bonn, Rabbiner in Köln und Neuß, Kommentator des Machsor und liturgischer Dichter.

1188 Friedrich Barbarossa schützt die Juden gegen die Kreuzfahrer. —

V E. Die Juden im deutschen Reiche während des Mittelalters. 41

Petachja aus Prag, Bruder des Tossafisten Isak ha-Laban, berichtet über seine Reisen durch Osteuropa und Asien. — Jehuda b. Kalonymos in Speyer verfaßt ein Lexikon über die Lehrer des Talmud.

1200 **Jehuda ha=Chaßid** (der Fromme) b. Samuel aus Speier, Rabbiner in Regensburg (gest. 1217), Begründer der jüdischen Mystik, Verfasser des „Sefer Chaßidim" (Buch der Frommen): „Im Verkehr mit Nichtjuden befleißige Dich derselben Redlichkeit wie mit Juden. Hat der Nichtjude sich geirrt, so mache ihn darauf aufmerksam, damit Gottes heiliger Name nicht durch dich entweiht werde." Sein Schüler in der Mystik: **Eleasar b. Jehuda** (gest. 1238) aus Mainz, Rabbiner in Worms, wo seine Frau und Kinder von Kreuzfahrern erschlagen werden, während er selbst schwer verwundet wird (1196), Bibelerklärer, talmudischer, liturgischer, astronomischer und philosophischer Schriftsteller, Verfasser des Ritualbuches „Rokeach" (Der Salbenmischer): „Handle so, daß Du vor Dir nicht zu erröten hast, gieb der Begierde nicht Gehör". „Die schönste Zierde ist Schamhaftigkeit, die schönste Eigenschaft Unrecht verzeihen". — Die Tossafisten Baruch b. Isak aus Worms und Elieser b. Samuel aus Metz.

1201 Die Juden beteiligen sich an der Verteidigung von Worms.

1218 Der Minnesänger Süßkind von Trimberg: „Wer adlig thut, den will ich halten für edel".

1223 Die Mainzer Rabbinerversammlung regelt unter dem Vorsitze des Rabbiners David b. Kalonymos aus Münzenberg die inneren Verhältnisse der deutschen Gemeinden. — Elieser b. Joel ha=Levi, Rabia, Verfasser des halachischen Sammelwerks „Abi ha=Esri".

1236 Friedrich II. läßt durch eine wissenschaftliche Kommission von Neophyten die Gesetzbücher der Juden prüfen und spricht in Übereinstimmung mit Fürsten und Geistlichkeit die deutschen Juden von der Anklage des rituellen Christenmordes frei.

1244 Judenstatut Herzogs Friedrich des Streitbaren von Österreich.

1247 Papst Innocenz IV. tritt für die Juden gegen die Blutbeschuldigung ein.

1283—1288 Verfolgungen der Juden am Rhein. Die Gemeinde München wird mit ihrer Synagoge verbrannt (1285).

1220—1293 Meir b. Baruch aus Worms, Maharam, Schüler des Jechiel aus Paris und des Jsak b. Moses aus Wien (Or Sarua), Rabbiner in **Rothenburg** a. b. Tauber und in anderen Gemeinden, zuletzt in Mainz, „Die große Leuchte", Kommentator der Mischna und Massora, Toßafist, Verfasser zahlreicher Rechtsbescheide, liturgischer Dichter, wird (1286) im Begriffe, nach Paläftina auszuwandern, gefangen genommen und bis zu seinem Tode trotz Einspruches des Papstes Nicolaus IV. von Rudolf v. Habsburg als Geisel in Haft behalten. Erst 1307 nach geschehener Auslösung durch Alexander Süßkind Wimpfen wird er in Worms begraben. — Seine Schüler: Ascher b. Jechiel (Rosch) und Mordechai b. Hillel, der 1298 in Nürnberg als Märtyrer fällt, Verfasser eines Gesetzescodex nach dem Vorbilde Alfaßis.

1298 Niedermetzelung der Juden in Franken, Bayern und Österreich infolge einer in Röttingen erhobenen Anklage wegen Hostienpeinigung (Rindfleisch). Untergang von 146 Gemeinden (Würzburg, Nürnberg, Rothenburg, Bamberg, Heilbronn u. a.).

1336—1337 Niedermetzelung der Juden am Rhein, in Elfaß, Schwaben, Franken, Böhmen und Österreich (Armleder).

1342 Ludwig der Bayer führt die Steuer des goldenen Opferpfennigs ein. Jakob Daniels, Finanzminister des Erzbischofs Balduin von Trier. Die Rabbiner Menachem in Merseburg, Jsak in Düren und Alexander Süßlin ha-Kohen in Frankfurt, Köln und Erfurt (geft. als Märtyrer 1349).

1348—1349 **Allgemeine Verbrennung** und Vertreibung der Juden im deutschen Reiche anläßlich des schwarzen Todes (Anklage der Brunnenvergiftung). „Ihr bares Gut war das Gift, welches die Juden tötete". Das Vermögen der Juden wird vor und nach deren Verbrennung von Karl IV. mit den Städten und Landesherren geteilt.

1352 Rat und Zünfte in Speier beschließen einstimmig, zu Nutz und Ehren der Stadt Juden wieder aufzunehmen.

1380 **Meir b.** Baruch **ha-Levi** aus Fulda, Rabbiner in Erfurt, Frankfurt und Wien (gest. u. 1404) ordnet an, daß nur derjenige rabbinische Funktionen ausüben dürfe, der dazu von einem anerkannten Rabbiner bevollmächtigt sei (Hatorat Horaa, Morenu). Die Rabbiner Abraham Klausner in Wien (gest. 1408), Schalom in Wiener-Neustadt und Jsak in Tyrnau sammeln die religiösen Bräuche (Minhagim).

1384 Niedermetzelung der Juden in Schwaben und Franken (Nördlingen, Windsheim, Weißenburg, Schwabach).
1385 Der schwäbische Städtebund vereinigt sich mit den Vertretern des Königs Wenzel auf dem Städtetage in Ulm zu einer Reduktion der bei Juden gemachten Schulden.
1389 Niedermetzelung der Juden in Prag.
1390 Völlige Aufhebung der Judenschulden in Franken, Schwaben, Bayern, Württemberg, Schweiz, Sachsen und am Rhein. Vertreibung der Juden aus der Pfalz.

Jakob b. Moses **ha-Levi** (Mulin), Maharil, Rabbiner und Vorbeter in Mainz und Worms (gest. 1427), Verfasser von Rechtsbescheiden. Seine Vorträge stellt sein Schüler Salman aus St. Goar zusammen (Sefer Maharil, Minhagim).

407 König Ruprecht ernennt den Rabbiner Israel in Rothenburg a. d. T. zum Oberrabbiner der deutschen Juden.
1410 Lipmann aus Mühlhausen, Rabbiner in Erfurt und Prag, verteidigt in seinem Werke „Nizzachon" (Sieg) die hl. Schrift gegen christologische Auslegung.

Jakob b. Juda **Weil** (gest. ca. 1455), Schüler des Maharil, Rabbiner in Augsburg, Bamberg und Erfurt, Verfasser von Rechtsbescheiden.

1415 Um die Kosten des Konstanzer Konzils zu bestreiten, zieht König Sigismund den dritten Teil des jüdischen Vermögens im ganzen Reiche als Steuer ein.
1418 Vertreibung der Juden aus dem Erzstift Trier.
1421 Verbrennung der Juden in Wien und Vertreibung aus Österreich. Verfolgung der deutschen Juden zum Beginn des Hussitenkrieges.
1426 Vertreibung der Juden aus Köln „zu Ehren Gottes".

Isserlein (Israel) b. Petachja, Rabbiner in Marburg und Wiener-Neustadt (gest. 1460), Verfasser von Rechtsbescheiden. Die Rabbiner Israel in Brünn und Regensburg, Moses Minz in Mainz, Bamberg und Posen.

1435 Anselm von Köln, Rabbiner in Worms, wird Oberrabbiner der deutschen Juden. Vertreibung der Juden aus Heilbronn (1436), und Augsburg (1440).
1450 Ludwig der Reiche, Herzog von Landshut, vertreibt die Juden seines Gebietes, nachdem er sie ihres Vermögens beraubt hat.
1453 Die Juden in Breslau werden teils verbrannt, teils ausgeplündert

und vertrieben. Die Kinder unter sieben Jahren werden ihnen entrissen und getauft.

1454 Vertreibung der Juden aus Brünn und Olmütz, 1456 aus Erfurt, 1470 aus dem Erzstift Mainz, 1478 aus Passau.

1473 Moses b. Eleasar ha Kohen in Koblenz, Verfasser des kleinen „Buches der Frommen": „Dein Erbarmen und deine Liebe entziehe keinem Wesen, das Gott geschaffen". — Jakob b. Jechiel Loans, Leibarzt Friedrichs III., erhält von diesem die Ritterwürde.

1475 Die Trienter Juden werden des Ritualmordes angeklagt und verbrannt.

1492 Vertreibung der Juden aus Mecklenburg, 1493 aus dem Erzstift Magdeburg, 1495 aus Reutlingen, 1496 aus Steiermark, Kärnthen und Krain, 1499 aus Nürnberg und Ulm. Die Juden werden so allmählich aus den Städten vertrieben und, soweit sie nicht nach Norditalien, Polen und der Türkei auswandern, in ihrem Wohnsitze aufs platte Land beschränkt. Größere Gemeinden bleiben nur noch in Frankfurt, Worms, Regensburg (bis 1519) und Prag.

VI. Die neuere Zeit.

1507 Der Apostat Pfefferkorn, im Dienste der Kölner Dominikaner, verläumdet den Talmud und erlangt (1509) von Maximilian I. Vollmacht, alle hebräischen Schriften mit Ausnahme der Bibel zu untersuchen und zu vernichten. Bücherkonfiskationen in Frankfurt, Worms, Bingen, Mainz u. a. — Verbrennung von 36 märkischen Juden in Berlin (1510).

1510 Johann Reuchlin (gest. 1522), Haupt des Humanismus in Deutschland, durch seine Schriften über die hebr. Sprache („Die Sprache der Hebräer ist einfach, unverdorben, heilig, kurz und fest") und durch seine Universitätsvorträge der erste christliche Lehrer des Hebräischen, worin er selbst von den Ärzten Jakob Loans in Linz und Obadja (Servadeus) Sforno in Rom unterrichtet wurde, tritt gegen die Kölner Dominikaner für Erhaltung der hebr. Schriften ein. Der infolge dessen entstehende Streit, in welchem die Dominikaner unterliegen, erleichtert das Auftreten Luthers (1517) und die Entstehung der Reformation. — Der Astronom Bonet de Lattes, Leibarzt der Päpste Alexander VI. und Leo X. Die Musiker u. Komponisten Juan Maria u. Jacomo Sanjecondo am Hofe Leos X. Der Maler Moses Castellazzo in Venedig.

VI. Die neuere Zeit.

Elia Levita aus Neustadt a. b. Aisch (gest. 1549), in Padua (1504), Rom und Venedig, hebr. Grammatiker und Lexikograph (Bachur, Tischbi, Meturgeman), Verfasser einer systematischen Darstellung der Massora, Lehrer der Christenheit im Hebräischen (Kardinal Egidio da Viterbo, Sebastian Münster, Paul Fagius). Die von Reuchlin, Elia Levita und ihren Schülern verbreitete Kenntnis der hebr. Sprache ermöglicht ein besseres Verständnis der hl. Schrift (Luthers Bibelübersetzung) und dadurch ein Erstarken des Protestantismus. — Der Arzt, Philosoph und hebr. Grammatiker Abraham de Balmes (gest. 1503). Einrichtung des Ghetto in Venedig (1516). Jakob ibn Chabib in Salonichi sammelt und erläutert in dem Werke „En Jakob" (Quelle Jakobs) die Agada des Talmud.

1517 Daniel Bomberg in Venedig druckt die „Rabbinische Bibel" (Mikraot gedolot) und auf Veranlassung des Papstes Leo X. die erste vollständige Talmudausgabe in 12 Bänden (1520—1526).

1519 Vertreibung der Juden aus Regensburg, 1520 aus Rothenburg a. d. T. und Weißenburg.

1521 Karl V. ernennt den Wormser Rabbiner Samuel vom See zum Oberrabbiner der deutschen Juden.

1523 Martin Luther mahnt, die Juden milder zu behandeln („Sie haben mit den Juden gehandelt, als wären es Hunde und nicht Menschen". „Wer ein nötig Gebot will aus dem Sabbat machen, als ein Werk von Gott erfordert, der muß den Sonnabend halten und nicht den Sonntag, denn der Sonnabend ist den Juden geboten und nicht der Sonntag"). In seinem Alter tritt Luther, da die Juden sich nicht taufen ließen, gegen sie auf (1543).

1525 **Josel von Rosheim** (Joseph b. Gerschom Loans) gest. 1554, der „große Fürsprecher" der deutschen Juden vor Kaiser und Reich, bewahrt (1525) die Juden im Elsaß vor der Verfolgung durch die Bauern, verteidigt in Wort und Schrift seine Glaubensgenossen gegen erhobene Beschuldigungen (1530 auf dem Reichstage in Augsburg gegen den Apostaten Antonius Margarita, 1539 in Frankfurt gegen Luther und Martin Butzer) und wehrt wiederholt geplante Judenvertreibungen ab. Seine Reisen und seine Memoiren.

1526 Verbrennung der Juden in Pösing (Ungarn).

1541 Andreas Osiander in Nürnberg zeigt die Nichtigkeit der Ritual-

46 VI. Die neuere Zeit.

morbbeschuldigung. Vertreibung der Juden aus dem Königreich Neapel. — Jakob Mantin (gest. 1549) in Venedig und Rom, Leibarzt des Papstes Paul III., Übersetzer medizinischer und philosophischer Schriften. Samuel Abravanel (gest. 1550), Finanzmann des Vicekönigs von Neapel, seit 1541 in Ferrara. Der Arzt und Philosoph Jehuda Abravanel (Leo Hebreo, Leo Medigo). Amatus Lusitanus (gest. 1568) in Ancona und Salonichi, Leibarzt des Papstes Julius III., gefeierter Verfasser medizinischer Schriften (Krankheitsberichte: „Sieben Centurien"). Moses Hamon, Leibarzt des Sultans Soliman II.

Die jüdischen Geschichtsschreiber: Samuel Usque in Ferrara („Trost für die Trübsale Israels" 1552), Salomo und Joseph ibn Verga in Adrianopel („Die Zuchtrute Judas": Schebet Jehuda), Joseph ha-Kohen (gest. 1575) in Genua und Voltaggio („Jahrbücher der Könige von Frankreich und des ottomanischen Hauses", „Thränenthal": Emek ha-Bacha), Gedalja ibn Jachja („Kette der Überlieferung" 1587: Schalschelet ha-Kabbala).

1553 Verbrennung des Talmud in Italien auf Anordnung der römischen Inquisition.

1555 Judenfeindliche Gesetzgebung des Papstes Paul IV.

1556 Verbrennung der Marannen in Ancona.

1559 Ferdinand I. ernennt den Wormser Rabbiner Jakob zum Oberrabbiner der deutschen Juden.

1564 Das Trientiner Konzil gestattet den Druck des Talmud nach vorhergegangener Censur.

1565 **Joseph** b. Ephraim **Karo** (1488—1575) aus Spanien, Rabbiner in Adrianopel und Safet, Verfasser der Kommentare „Bet Joseph" (Haus Josephs) zu den Turim des Jakob b. Ascher und „Keßef Mischne" (Doppeltes Geld) zur Mischne Thora Maimonis, veröffentlicht seinen in der Reihenfolge der Turim und nach dem Vorbilde der Mischne Thora gearbeiteten Ritualkodex „Schulchan Aruch" (Der bereitete Tisch). — David ibn Abi Simra, Rabbas, rabbinische Autorität in Ägypten und Palästina, Verfasser zahlreicher Rechtsbescheide. Salomo ha-Levi Alkabez in Safet, Verfasser des Sabbatliedes „Lecha Dodi". Der liturgische Dichter Israel Nagara in Damaskus und Gaza (Semirot Israel). Der Kabbalist Isak Luria (gest. 1572) in Safet; dessen Schüler Chajim Vital Calabrese (gest. 1620) und

VI. Die neuere Zeit.

Jesaja Horwitz (gest. 1630), Rabbiner in Posen, Frankfurt und Prag, Verfasser des Werkes „Schene Luchot ha-Berit" (Die beiden Bundestafeln).

1566 **Joseph Naßi** (Joao Miguez) in Konstantinopel (gest. 1579), Günstling und Ratgeber des Sultans Selim II., wird Herzog von Naxos und der cykladischen Inseln. Auf seine Veranlassung erobern die Türken Cypern (1571). Josephs Schwiegermutter Gracia Mendes, früher in Venedig und Ferrara, Beschützerin der Marannen. Josephs Frau, Reyna, gründet nach dem Tode ihres Gatten in Belvedere (Konstantinopel) eine Buchdruckerei. — S a l o m o A s c h k e n a s i aus Udine, Leibarzt des Königs Sigismund August von Polen, dann Arzt und Diplomat in Konstantinopel unter Selim II. und seinen beiden Nachfolgern, bewirkt die Wahl Heinrichs von Anjou zum König von Polen (1573), schließt als türkischer Botschafter den Frieden zwischen der Türkei und Venedig (1574) und leitet die Friedens=unterhandlungen zwischen der Türkei und Spanien. Ester Kiera (gest. 1600), die einflußreiche Favoritin der Gemahlin Murads III.

1569 Papst Pius V. vertreibt die Juden aus dem Kirchenstaat. Nur die Gemeinden in Rom und Ancona bleiben bestehen.

1573 A s a r j a d e ï R o s s i (gest. 1578) in Ferrara, vergleicht in seinem Werke „Meor Enajim" (Augenleuchte) zum ersten Male talmudische Angaben mit profanen Quellen (Philo, Josephus, Kirchenväter). Der Lexikograph, medizinische Schriftsteller und Verteidiger der jüdischen Ärzte (1588) David de Pomis in Venedig. Vertreibung der Juden aus der Mark Brandenburg (Schatzmeister Lippold).

1574 Niederlassung portugiesischer Marannen in Hamburg.

Die Juden Polens sind im Ackerbau, Handel und Handwerk thätig. Letzteres ist (1539) fast ausschließlich in ihren Händen. Neben 500 christlichen giebt es 3200 jüdische Großhändler, 10000 jüdische Handwerker, darunter Gold= und Silberarbeiter, Schmiede und Weber. Einrichtung von Synoden. B l ü t e d e s T a l m u d = s t u d i u m s : Schalom Schachna (gest. 1558) und Salomo Lurja, Maharschal, in Lublin; **Moses Isserles** (gest. 1572) Rema in Krakau, der den Schulchan Aruch durch Glossen (Hagahot) unter Berücksichtigung der deutsch=polnischen Minhagim vervollständigt („Mappa": Tafeltuch), die Turim kommentirt (Darke Mosche) und Zacutos Geschichtschronik ergänzt. Kommentare zum Schulchan Aruch und zum Talmud verfassen ferner: J o s u a

Falk Kohen (gest. 1614) in Lemberg (Sefer Meïrat Enajim, Sema, zum Choschen Mischpat; Derischa u=Pherischa zu den Turim); Meir Lublin; Samuel Edels, Maharscha, in Posen und Lublin; Joel Serkes in Krakau (Bet chadasch, Bach, zu den Turim); Sabbataï Kohen (gest. 1663) in Wilna und Holleschau (Sifte Kohen, Schach, zu Jore Dea und Choschen Misch= pat); David b. Samuel ha=Levi in Ostrog (Ture Sahab zum ganzen Schulchan Aruch, Sondertitel Magen David zum Orach Chajim); Abraham Gombiner in Kalisch (Magen Abraham zum Orach Chajim).

1591 Vertreibung der Juden aus den Herzogtümern Braunschweig und Lüneburg.

1592 David Gans aus Lippstadt (gest. 1613) in Prag, astronomischer Schriftsteller, Schüler des Moses Isserles, im Verkehr mit den Astronomen Keppler und Tycho de Brahe, veröffentlicht seine Geschichtschronik „Zemach David" (Sprößling Davids). Morde= chai Meisel (gest. 1601), der Wohlthäter seiner Glaubensgenossen, Erbauer der Meiselsynagoge in Prag. Der Prager Rabbiner Liwa b. Bezalel (gest. 1609), „Der hohe Rabbi Löb".

1593 Die ersten portugiesischen Marannen siedeln sich in Amsterdam an und kehren zum Judentume zurück. Der Karäer Isak b. Abraham Troki sammelt die Ergebnisse seiner mit Christen gehaltenen Religionsgespräche („Chisuk Emuna": Befestigung des Glaubens).

1597 Vertreibung der Juden aus dem Mailändischen.

1614 Vorübergehende Vertreibung der Juden aus Frankfurt (Vincenz Fettmilch) und 1615 aus Worms.

1622 Ferdinand II. erhebt den Hofjuden Jakob Bassewi Schmieles in Prag wegen seiner Verdienste in den Adelsstand (v. Treuenburg). **Lipmann** (Jomtob) **Heller** ha=Levi (1579—1654) aus Wallerstein, Rabbiner in Wien (1624), Prag und Krakau, Verfasser des Kommen= tars „Tosafot Jomtob" zur Mischna. Über seine Wiener Ge= fangenschaft, in die er durch Verläumdung geriet (1629), berichtet er in seiner Schrift „Megillat Eba". Leiden der Juden im 30jährigen Kriege. — Der Komponist Salomo dei Rossi in Mantua („Die Lieder Salomos" 1620). Die venezianischen Rabbiner Leon (Jehuda) Modena (gest. 1648) und Simone Luzzatto. Die jüdisch= italienischen Dichterinnen Debora Ascarelli in Rom und Sara Copia Sullam (gest. 1641) in Venedig. Joseph Salomo del

VI. Die neuere Zeit.

Medigo aus Kreta, Schüler Galileis in Padua, Leibarzt des Fürsten Radziwill bei Wilna, Prediger in Hamburg und Amsterdam, Gemeindearzt in Frankfurt (1630), gest. in Prag 1655.

1639 Bildung der großen Gemeinde in Amsterdam. Die dortigen Juden bringen durch ihre Beteiligung an den überseeischen holländischen Unternehmungen den Handel Amsterdams zur Blüte. Uriel da Costa (Gabriel Acosta). Die Hamburger Juden begründen den Handel Hamburgs mit Spanien und Portugal.

1648 Ferdinand III. belohnt die Juden in Prag für ihre Verteidigung der Stadt.

1648—1649 Niedermetzelung der Juden in der Ukraine, Podolien und Volhynien anläßlich des Kosakenaufstandes unter Chmelnicki. Untergang von 300 Gemeinden, darunter Nemirow (20. Siwan 1648) mit 6000, Polonnoie mit 10000 und Narol mit 12000 Opfern.

1655-1656 Niedermetzelung der Juden in Kleinpolen, Großpolen und Litthauen anläßlich des russischen und schwedischen Krieges. Untergang der Gemeinden Wilna, Krakau, Lublin, Posen, Lissa, Wreschen, Lobsens u. a. Im ganzen werden während der beiden Verfolgungen über eine Viertel Million Juden erschlagen, der Rest durch Hunger und Pest aufgerieben, in die Gefangenschaft geschleppt, getauft oder zu Bettlern gemacht. Jüdisch-polnische Flüchtlinge in allen Ländern.

Menasse b. Israel (1604—1657) aus Lissabon, Prediger und Rabbiner in Amsterdam, in wissenschaftlichem Verkehr mit den christlichen Gelehrten seiner Zeit, fruchtbarer Schriftsteller über jüd.-theologische und philosophische Themata in hebräischer, lateinischer, spanischer, holländischer und englischer Sprache. In seinem spanisch geschriebenen Werke „Conciliador" (der Versöhner) sucht er die scheinbaren Widersprüche der hl. Schrift auszugleichen. Unter Übersendung seiner Schrift „Esperança de Israel" (Hoffnung Israels: über die 10 Stämme und die Märtyrer der Inquisition) wendet er sich (1650) an das englische Parlament mit dem Gesuche um Wiederaufnahme der Juden in England, überreicht (1655) eine dahin gehende Bittschrift in besonderer Audienz dem Protektor Oliver Cromwell in London, verteidigt seine Glaubensgenossen in der Schrift Vindiciae Judaeorum (Rettung der Juden) gegen erhobene Anklagen (Blutbeschuldigung) und stirbt, von Cromwell ehrenvoll entlassen, auf der Rückreise in Middelburg.

VI. Die neuere Zeit.

Baruch (Benedict) Spinoza (gest. 1677), der Vater der modernen Philosophie, in Amsterdam, Rhynsburg und Haag, Verfasser des theologisch-politischen Traktats (1670). Gegen Spinozas „Ethik" wendet sich Balthasar Orobio (Isak) de Castro aus Sevilla (gest. 1687), als Maranne Leibarzt des Herzogs von Medina=Celi, Professor der Medizin an der Universität Toulouse, in Amsterdam zum Judentume zurückgekehrt. — Der Arzt, Naturforscher, Rabbiner und Lexikograph Benjamin (Dionys) Mußafia in Glückstadt, Hamburg und Amsterdam, Leibarzt Christians IV. von Dänemark, Verfasser von Ergänzungen zu Nathans Aruch (Mussaf ha=Aruch 1655). Der Novellist und dramatische Dichter Joseph Penso de la Vega in Amsterdam („Die Gefangenen der Hoffnung" 1667). Die Dichterin Isabella Correa.

1657 Beginn der Wiederansiedlung der Juden in England.

1665 **Sabbataï Zewi** (gest. 1676) aus Smyrna giebt sich in der dortigen Synagoge für den erwarteten Messias aus und wird als solcher in den Gemeinden des türkischen Reiches, wie im Auslande (Venedig, Livorno, Amsterdam, Hamburg) gefeiert. Im Jahre darauf begiebt er sich nach Konstantinopel und tritt nach 7 monatlicher Haft (Abydos) zum Islam über. Sekte der Sabbatianer.

1670 Vertreibung der Juden aus Wien. Fünfzig ausgewiesene Familien nimmt Kurfürst Friedrich Wilhelm von Brandenburg in seinem Lande auf (1671). Der Agent Elia Gompertz aus Emmerich. David Conforte aus Salonichi schreibt seine Gelehrtenchronik „Kore ha=Dorot" (Rufer der Geschlechter).

1681 Sultan Mohammed IV. belohnt die Juden in Ofen für ihre Verteidigung der Stadt. Judengemetzel in Ofen (1686). Leopold I. gestattet einigen reichen Juden, sich in Wien wieder niederzulassen (1677). Die kaiserlichen Hoffaktoren Samuel Oppenheimer (gest. 1703) aus Heidelberg und Simson Wertheimer (gest. 1724) aus Worms. Letzterer bewirkt (1700) durch ein Edikt des Kaisers die Beschlagnahme des Eisenmengerschen Lügenbuches „Entdecktes Judentum". — Die Rabbiner Jair Chajim Bacharach (gest. 1702) in Worms, David Nieto (gest. 1728) in London, David Oppenheimer (gest. 1736) in Prag. Der Arzt Tobia ha=Kohen aus Metz (gest. 1729) in Konstantinopel und Jerusalem.

VI. Die neuere Zeit.

1732 Die Juden unterstützen die ausgewiesenen Salzburger Protestanten. Joseph Süß Oppenheimer, Finanzminister Herzogs Karl Alexander von Württemberg (1737). Der Dichter und Kabbalist Moses Chajim Luzzatto (gest. 1747) aus Padua (Drama „La-Jescharim Tehilla": Ruhm den Tugendhaften). Jsak Lampronti, Arzt und Rabbiner in Ferrara, Verfasser des talmudischen Realwörterbuches „Pachad Jizchak".

1744—1745 Maria Theresia ordnet die Vertreibung der Juden aus Böhmen und Mähren an. Auf Betreiben der holländischen und englischen Gesandten nimmt sie den Befehl zurück und beschränkt die Ausweisung auf Prag, gestattet jedoch auf Verlangen der böhmischen Stände, da das Land durch die Vertreibung bedeutenden Schaden erlitt, die Rückkehr der Prager Juden (1748).

1751 Jonathan Eibeschütz (gest. 1764), Rabbiner und Prediger in Prag, Metz und (seit 1750) in Altona-Hamburg-Wandsbeck, wird von Jakob Hirschel Emden (Jabez) in Altona des Sabbatianismus beschuldigt. Die Rabbiner Ezechiel Landau (Noda bi-Jehuda) in Jampol und Prag (gest. 1793), Elia in Wilna (gest. 1797), Jesaja Berlin in Breslau (gest. 1799). Die Sekte der Frankisten (Jakob Frank) und der Chassidim (Israel Baal Schem tob, Bescht).

1758 Gutachten des Kardinals Ganganelli (Clemens XIV.) über die Blutbeschuldigung. — Der Astronom Raphael Levi in Hannover (gest. 1779), Schüler und Freund Leibnitzens. Der Dichter Ephrajim Moses Kuh in Breslau (gest. 1790). Der Jchthyologe Markus Bloch (gest. 1799).

1729 -1786 Moses Mendelssohn, Moses Dessau, geb. (12. Elul) 6. September 1729 in Dessau, seit 1743 in Berlin, im Talmud unterrichtet von Rabbiner David Fränkel (Kommentator des Talmud Jeruschalmi, gest. 1762), in der Mathematik und der Lektüre jüd.-religionsphilosophischer Werke (Maimoni) von dem Polen Israel Samosz, im Lateinischen von Dr. Kisch, in den neueren Sprachen und der deutschen Litteratur von Dr. Aron Gumpertz, seit 1750 Hauslehrer und später Buchhalter bei dem Fabrikanten Jsak Bernhard, seit 1754 Freund des Dichters Lessing („Die Juden" 1747, „Nathan der Weise" 1779), von der kgl. Akademie der Wissenschaften preisgekrönt (während Kants Arbeit nur ehrenvoll erwähnt wurde) und als Berliner Schutzjude privilegiert (1763), zum ordentlichen Mitgliede der philosophischen Klasse von der Akademie gewählt, aber vom König nicht bestätigt (1771), als Philosoph der bedeutendste Vertreter des populären Rationalismus, „der deutsche Sokrates" (Herder: „Sokrates führte die Weltweisheit unter die Menschen, Moses ist der philosophische Schriftsteller unserer Nation, der sie mit der Schönheit des Stils vermählt), der eleganteste Schriftsteller unter den deutschen Philosophen des 18. Jahrhunderts, feinsinniger Ästhetiker und Kritiker, der erste Prediger der Toleranz, zugleich Verteidiger des Judentums und seiner Bekenner, der durch sein Leben und seine Schriften zur Emanzipation und Bildung seiner deutschen Glaubensgenossen beitrug, gest. (6. Schebat) 4. Januar 1786. Mendelssohns Schriften: „Philosophische Gespräche" 1755 über Leibniz und Spinoza (Klage über Nachäffung des seichten französischen Geschmackes: „Werden denn die Deutschen niemals ihren eigenen Wert erkennen? Wollen sie ewig ihr Gold für das Flittergold ihrer Nachbarn vertauschen?"). „Briefe über die Empfindungen" 1755. Gekrönte Preisschrift „Über die Evidenz in den metaphysischen Wissenschaften" 1764. „Phädon oder über die Unsterblichkeit der Seele" 1767 nach dem Vorbilde des gleichnamigen Dialogs Platos (Goethe: „Mendelssohn, Garve traten auf und erregten allgemeine Teilnahme und Bewunderung"; Platen: Mendelssohns Phädon begeistert mich, mit welcher steigenden Eloquenz wird man da von Beweis zu Beweis geführt!"; Winkelmann: „Der Phädon von Moses Mendelssohn ist eins von den besten Büchern, welche ich gelesen habe"). Sendschreiben an Lavater 1769 („Von dem Wesentlichen meiner Religion bin ich so fest, so unwiderleglich versichert, als Sie oder Herr Bonnet nur immer von der Ihrigen sein können, und ich bezeuge hiermit vor dem Gott der Wahrheit ..., daß ich bei meinen Grundsätzen bleiben werde, so lange meine ganze Seele nicht eine andere Natur annimmt"). „Ritualgesetze der Juden" 1778. Deutsche Übersetzung des Pentateuch mit einem von Mendelssohn, Salomo Dubno, Naphtali Hartwig Wessely (Verfasser der Mosaïde „Schire Tipheret": Prachtlieder), Herz Homberg und Aron Jaroslaw bearbeiteten Kommentar (Biur) 1778—1783. Vorrede zu der von Markus Herz übersetzten Verteidigungsschrift Menasses b. Israel „Rettung der Juden" 1782 („Man versperrt uns alle Wege zur nützlichen Verbesserung

VI. Die neuere Zeit.

und macht den Mangel an Kultur zum Grunde unserer ferneren Unterdrückung, man bindet uns die Hände und macht uns zum Vorwurfe, daß wir sie nicht gebrauchen"). Deutsche Übersetzung der Psalmen 1783. „Jerusalem oder über religiöse Macht und Judentum" 1783 („Die göttliche Regierung kennt keinen Zwang; sie treibt nicht mit eisernem Stabe, sondern leitet am Seile der Liebe". „Nach den Begriffen des wahren Judentums sind alle Bewohner der Erde zur Glückseligkeit berufen". „Das Judentum weiß von keiner geoffenbarten Religion, die Israeliten haben göttliche Gesetzgebung." „Unter allen Vorschriften und Verordnungen des Mosaischen Gesetzes lautet kein Einziges: Du sollst glauben oder nicht glauben!, sondern alle heißen: Du sollst thun oder nicht thun!" „Das Ceremonialgesetz ist eine lebendige, Geist und Herz erquickende Art von Schrift, welche bedeutungsvoll ist, gediegenen tiefen Sinn hat und mit der spekulativen Erkenntnis der Religion und der Sittenlehre in genauester Verbindung steht." „Lasset niemanden in Euern Staaten Herzenskündiger und Gedankenrichter sein; niemanden ein Recht sich anmaßen, das der Allwissende sich allein vorbehalten hat! . . . Liebet die Wahrheit! Liebet den Frieden!" — Urteil Kants: „Sie haben Ihre Religion mit einem solchen Grade von Gewissensfreiheit zu vereinigen gewußt, die man ihr gar nicht zugetraut hätte und dergleichen sich keine andere rühmen kann"). „Morgenstunden oder über das Dasein Gottes" 1785 („Ohne Gott, Vorsehung und Unsterblichkeit haben alle Güter des Lebens in meinen Augen einen verächtlichen Wert"). „An die Freunde Lessings" 1785. — Mendelssohns Einfluß auf Lessings „Laokoon", seine Aufsätze und Kritiken in Nikolais „Bibliothek der schönen Wissenschaften" und in dessen „Briefen, die neueste Litteratur betreffend", sein Briefwechsel mit Lessing, Lavater, Michaelis, v. Hennings, Herder, Kant, Jakobi u. a.

Mendelssohns jüdische Freunde und Jünger. Die „Meaßfim" (Sammler). Hofrat Markus Herz, der erste Lehrer der Kantischen Philosophie. Die Kantianer Salomo Maimon und Lazarus Ben=David. Stadtrat David Friedländer, Begründer der jüd. Freischule in Berlin (1778). Der Massoret und Grammatiker Wolf Heidenheim (gest. 1832). — Herders Schrift „Vom Geiste der ebräischen Poesie" („In solchen Bildern sind ein

VI. Die neuere Zeit.

Silius Italikus, Ovid, Virgil und Klaudian gegen einen Hiob, Moses, Jesaias und auch David wie ein Tropfen gegen einen Ocean, und Schande ist es, an einem Tropfen zu lecken, wenn ein Abgrund von Größe, Hoheit, Majestät vor uns ist". „Israel war und ist das ausgezeichnetste Volk der Erde ... Seine noch unvollendete Führung ist das größte Poem der Zeiten und geht wahrscheinlich noch bis zur Entwicklung des letzten, noch unberührten Knotens aller Erdnationen hindurch").

1781 Des Kriegsrats Chr. Wilh. Dohms Schrift „Über die bürgerliche Verbesserung der Juden" („Wer kann sich versagen, den Juden hochzuachten, den keine Marter bewegen konnte, von seiner Religionsvorschrift abzugehen, und den Nichtswürdigen zu verachten, der um des Vorteils willen sich losjagt und den christlichen Glauben mit den Lippen bekennt?").

1782 Die Toleranzgesetze Kaiser Josephs II. beseitigen für die Juden der österreichischen Erbländer den Leibzoll und die Abzeichen, gestatten den Juden das Erlernen von Handwerken und Künsten, den Besuch christlicher Mittel- und Hochschulen und ordnen die Einrichtung jüdischer Elementarschulen (Normalschulen) an.

1783 Die vereinigten Staaten von Nordamerika erklären die politische Gleichberechtigung aller Bürger ohne Unterschied des Glaubens.

1784 Abschaffung des Judenleibzolls in Frankreich (Elsaß), 1787 in Preußen und 1799 in Bayern.

1787 Für die Emanzipation der Juden treten ein: Graf v. Mirabeau („Über Mendelssohn und die politische Reform der Juden") und 1788 Abbé Grégoire.

1791 Freiheit, Gleichheit, Brüderlichkeit! Die französische Nationalver-
Sept. 28 sammlung verleiht den Juden Frankreichs das Vollbürgerrecht. Dasselbe thut die batavische Nationalversammlung betreffs der Juden Hollands (1796). Isak da Costa Atias, Präsident der zweiten batavischen Nationalversammlung (1798).

VII. Aus der neuesten Zeit.

1803—1806 Wolf Breidenbach (gest. Offenbach 1829), Kurhessischer Hoffaktor, und Israel Jacobson wirken für Aufhebung des Judenleibzolls in Deutschland.

VII. Aus der neuesten Zeit.

1806—1807 Jüdische Notabelverfammlung in Paris. Bildung des „großen Sanhedrin" (Einführung der Konsistorialverfassung).
1808 Emanzipation der Juden im Königreich Westfalen. Israel Jacobfon aus Halberstadt, Braunschweigischer Geh. Finanzrat, Begründer der Jacobfonschule in Seefen (1801), Präsident des westfälischen Konsistoriums in Cassel. — Einrichtung anderer Schulen: in Breslau 1792 (Kgl. Wilhelmsschule), Halberstadt 1796 (Hascharat Zebi), Dessau 1799 (Franzschule), Frankfurt a. M. 1804 (Philanthropin), Wolfenbüttel 1807 (Samsonschule). Die Talmudschulen (Jeschibot) der Rabbiner Akiba Eger in Posen (gest. 1837) und Moses Sopher in Preßburg (gest. 1839).
1809 Emanzipation der Juden in Baden (Großherzogl. Oberrat), 1811 in Frankfurt a. M., 11. März 1812 in Preußen, 1813 in Mecklenburg-Schwerin.
1813—1815 Anteil der Juden an den deutschen Befreiungskriegen (v. Hardenberg: „Die jungen Männer jüdischen Glaubens sind die Waffengefährten ihrer christlichen Mitbürger gewesen, und wir haben auch unter ihnen Beispiele des wahren Heldenmuts und der rühmlichsten Verachtung der Kriegsgefahren aufzuweisen, sowie die übrigen jüdischen Einwohner, namentlich auch die Frauen, in Aufopferung jeder Art den Christen sich anschlossen").
1815 Reaktion in Deutschland. Ausweisung der Juden aus Lübeck.
1819 Judenhetzen in Würzburg, Frankfurt a. M. und anderen Städten.

Leopold Zunz (1794—1886) aus Detmold, Prediger in Berlin (1820), Redakteur der Spenerschen Zeitung und Direktor der jüdischen Gemeindeschule in Berlin, Prediger in Prag (1835), Direktor des jüdischen Lehrerseminars in Berlin (1840—1850). Schriften: „Etwas über die rabbinische Litteratur" 1818; „Zeitschrift für die Wissenschaft des Judentums" 1822 (Biographie Raschis); „Die gottesdienstlichen Vorträge der Juden, historisch entwickelt" 1832; „Die Namen der Juden" 1837; „Zur Geschichte und Litteratur" 1845; „Die synagogale Poesie des Mittelalters" 1855; „Die Ritus des synagogalen Gottesdienstes" 1859; „Litteraturgeschichte der synagogalen Poesie" 1865. — Salomo Jehuda Rapoport (1790—1867), Rabbiner in Tarnopol und Prag (Biographien des Elasar Kalir, Saadia, Haï, Chananel, Nissim, Nathan b. Jechiel). Samuel David Luzzatto (1800—1865), Dozent in Padua, hebr. Sprachforscher und Bibelerklärer.

VII. Aus der neuesten Zeit.

Gabriel Riesser (1806—1863), Enkel des Hamburg=Altonaer Rabbiners Raphael Kohen, Rechtsgelehrter in Hamburg, der Vorkämpfer für die bürgerliche Gleichstellung der deutschen Juden, Vizepräsident der deutschen Nationalversammlung in Frankfurt a. M. (1848). Schriften: „Über die Stellung der Bekenner des Mosaischen Glaubens in Deutschland" 1831 („Wenn ungerechter Haß an unserm Namen haftet, sollen wir ihn dann verleugnen, statt alle Kraft daran zu setzen, ihn zu Ehren zu bringen? ... Das Menschenrecht kann die Gewalt uns vorenthalten, aber an Menschenwürde, an männlichem Bewußtsein, an reiner, ungetrübter, menschlicher Bildung sollen sie uns kein Haar breit rauben!"); „Verteidigung der bürgerlichen Gleichstellung der Juden gegen die Einwürfe des Dr. H. E. G. Paulus" 1831 („Die kräftigen Klänge deutscher Sprache, die Gesänge deutscher Dichter haben in unserer Brust das heilige Feuer deutscher Freiheit entzündet und genährt ... Wir wollen dem deutschen Vaterlande angehören, wir werden ihm aller Orten angehören. Es kann und darf und mag von uns fordern, was es von seinen Bürgern zu fordern berechtigt ist. Willig werden wir ihm alles opfern, nur Glauben und Treue, Wahrheit und Ehre nicht; denn Deutschlands Helden und Deutschlands Weise haben uns nicht gelehrt, daß man durch solche Opfer ein Deutscher wird"); Zeitschrift „Der Jude. Periodische Blätter für Religion und Gewissensfreiheit" 1832; „Ein Wort des Dankes an die israelitischen Bürger Badens" 1835 („Ehrlos der Sohn, der sich seines Vaters, ehrlos das Geschlecht, das sich seiner Vorzeit schämt!").

Abraham Geiger (1810—1874) aus Frankfurt a. M., Rabbiner in Wiesbaden (1834), Breslau, Frankfurt und Berlin (1870). Schriften: „Was hat Mohammed aus dem Judentum aufgenommen?" 1833; Wissenschaftliche Zeitschrift für jüdische Theologie" 1835—1848; „Lehr= und Lesebuch zur Sprache der Mischna" 1845; „Divan des Kastiliers Abul Hassan Juda ha=Levi" 1851; „Jüdische Dichtungen der spanischen und italienischen Schule" 1856; „Salomo Gabirol und seine Dichtungen" 1867; „Das Judentum und seine Geschichte" 1865—1871; „Jüdische Zeitschrift für Wissenschaft und Leben" (1862—1874).

Samson Raphael Hirsch (1808—1888) aus Hamburg, Rabbiner in Oldenburg (1830), Emden. Nikolsburg (1847),

VII. Aus der neuesten Zeit.

Frankfurt a. M. (1851). Schriften: „Neunzehn Briefe über Judentum" 1836; „Choreb, Versuche über Jißroëls Pflichten in der Zerstreuung" 1837; „Jeschurun, Monatsblatt zur Förderung jüdischen Geistes und jüdischen Lebens" 1855—1870; „Der Pentateuch, übersetzt und kommentiert" 1867 ff.; „Die Psalmen, übersetzt und erläutert" 1882; „Israels Gebete, übersetzt und erklärt" 1895.

Heinrich Graetz (1817—1891) aus Xions (Posen), Schüler Hirschs, Dozent am jüd.-theologischen Seminar (1854) und Professor an der Universität in Breslau. Schriften: „Gnosticismus und Judentum" 1846; „Geschichte der Juden von den ältesten Zeiten bis auf die Gegenwart" in 11 Bänden 1853—1874; „Monatsschrift für Geschichte und Wissenschaft des Judentums" 1869—1887; Kritischer Kommentar zu den Psalmen" 1882—1883.

1833 Emanzipation der Juden in Kurhessen.
1847 Verordnung über die Verhältnisse der preußischen Juden.
Juli 23
1848 Die Gleichberechtigung der Juden wird in Preußen (6. April), Hannover (5. Sept.), Nassau (12. Dez.), 1849 in Baden (17. Febr.), Österreich (4. März) erklärt.
1850 Preußische Verfassungsurkunde, Art. 4: „Alle Preußen sind vor
Jan. 31 dem Gesetze gleich. Standesvorrechte finden nicht statt. Die öffentlichen Ämter sind unter Einhaltung der von den Gesetzen festgestellten Bedingungen für alle dazu Befähigten gleich zugänglich"; Art. 12: „Der Genuß der bürgerlichen und staatsbürgerlichen Rechte ist unabhängig von dem religiösen Bekenntnisse".
1859 Emanzipation der Juden in England.
1860 Gründung der Alliance israélite universelle (Allgemeine israelitische Vereinigung) „für die Emanzipation und den moralischen Fortschritt der Israeliten" (Schulen im Orient). Erster Präsident der Alliance: Der Minister Adolph Crémieux (gest. 1880). — Die Philanthropen Sir Moses Montefiore (gest. 1885) und Baron Moritz v. Hirsch (gest. 1896). Die Seminardirektoren Zacharias Frankel in Breslau (1854) und Israel Hildesheimer in Berlin (1873). Jüdische Ackerbaukolonien in Palästina und Argentinien.
1861 Emanzipationsgesetze betreffs der Juden in Württemberg (3. Dez.), 1862 in Baden (4. Okt.), 1863 in Holstein (14. Juli) und in der Schweiz, 1868 im Kgr. Sachsen (3. Dez.), 1869 in Mecklenburg (3. Juli).

58   VII. Aus der neuesten Zeit.

1867 Staatsgrundgesetz für Österreich-Ungarn.
Dez. 21
1869 Gesetz des norddeutschen Bundes: „Alle noch bestehenden, aus der
Juli 3 Verschiedenheit des religiösen Bekenntnisses hergeleiteten Be-
schränkungen der bürgerlichen und staatsbürgerlichen Rechte werden
hierdurch aufgehoben. Insbesondere soll die Befähigung zur
Teilnahme an der Gemeinde- und Landesvertretung und zur
Bekleidung öffentlicher Ämter vom religiösen Bekenntnis unabhängig sein".
1870 Mit dem Sturze der weltlichen Herrschaft des Papstes (22. Sept.)
Befreiung der römischen Juden, Ende des bis dahin bestehenden
Ghettozwangs. Alle beschränkenden Verordnungen werden im
Königreich Italien aufgehoben.
1872 Bayern führt das Bundesgesetz vom 3. Juli 1869 ein.
April 22
1884 Erlaß Kaiser Wilhelms I.: „Ich entnehme zu Meiner Genug-
März 25 thuung aufs neue die frohe Überzeugung, daß die ganze Nation
in aufrichtiger Vaterlandsliebe, ohne Rücksicht auf politisches und
religiöses Bekenntnis, in der Treue zu Kaiser und Reich fest
und innig zusammensteht".
1888 Erlaß Kaiser Friedrichs III.: „Ich will, daß der seit Jahr-
März 12 hunderten in Meinem Hause heilig gehaltene Grundsatz religiöser
Duldung auch ferner allen Meinen Unterthanen, welcher Religions-
gemeinschaft und welchem Bekenntnisse sie auch angehören, zum
Schutze gereiche. Ein jeglicher unter ihnen steht Meinem Herzen
gleich nahe — haben doch alle gleichmäßig in den Tagen der
Gefahr ihre volle Hingebung bewährt".
„Zu aller Zeit, auch unter dem stärksten Drucke, bewährten die
Juden da, wo ihr Geist und Wissen sich frei regen durfte, in
den Naturwissenschaften, der Philosophie, Mathematik, Astronomie
und Heilkunst eine fördernde Thätigkeit, für welche ihnen unsere
Wissenschaft für alle Zeit zu größtem Danke verpflichtet sein
wird . . . Nicht zu zählen sind die Namen der Juden, welche
als Gelehrte und Künstler, als Denker und als große Ge-
schäftsleute, als einfache Bürger durch patriotische Hingabe
und menschenfreundliche Thätigkeit zu rühmen sind" (Gustav
Freytag: 1893).

Aus der biblischen Litteratur.

Im Anfang schuf Gott den Himmel und die Erde (Gen. 1,1). In Seinem Ebenbilde schuf Gott den Menschen (Gen. 1,27). Eine Leuchte des Ewigen ist des Menschen Seele (Spr. 20,27). Kinder seid ihr des Ewigen, eures Gottes (Deut. 14,1). — Haben wir nicht alle Einen Vater? Hat nicht Ein Gott uns erschaffen? (Mal. 2,10). Höre Israel! Der Ewige, unser Gott, ist ein einziges ewiges Wesen. Du sollst lieben den Ewigen, deinen Gott, mit deinem ganzen Herzen, mit deiner ganzen Seele und mit deinem ganzen Vermögen (Deut. 6,4-5). Wandele vor mir und werde vollkommen (Gen. 17,1). — Ihr sollt mir sein ein Reich von Priestern und ein heiliges Volk (Exod. 19,6). — Heilig sollt ihr sein; denn heilig bin ich, der Ewige, euer Gott (Lev. 19,2). — Heiliget euch, daß ihr heilig seid, denn ich, der Ewige, bin euer Gott. Beobachtet meine Satzungen und übet sie aus; ich, der Ewige, bin es, der euch heiligt (Lev. 20,7-8).

Ihr seid meine Zeugen (Jes. 44,8). — Ich stelle dich hin zum Lichte der Völker, daß mein Heil gelange an das Ende der Erde (Jes. 49,6).

Durch Abraham sollen gesegnet werden alle Völker der Erde; denn ihn habe ich darum ausersehen, damit er seinen Kindern und seinen Nachkommen auftrage, daß sie den Weg des Ewigen bewahren: Milde und Recht zu üben (Gen. 18,18-19).

Hasse deinen Bruder nicht in deinem Herzen... Du sollst dich nicht rächen und nichts nachtragen den Kindern deines Volkes, sondern deinen Nächsten lieben, wie dich selbst (Lev. 19,17-18). — Hungert dein Feind, so speise ihn mit Brot; dürstet ihn, so tränke ihn mit Wasser (Spr. 25,21).

Den Fremden sollst du nicht drücken, ihr kennt ja das Gemüt des Fremden; denn Fremde waret ihr im Lande Ägypten (Exod. 23,9). — Wenn bei dir ein Fremder weilet in eurem Lande, sollt ihr ihn nicht kränken. Wie der Einheimische unter euch sei euch der Fremde, der bei euch weilet. Du sollst ihn lieben wie dich selbst; denn Fremde waret ihr im Lande Ägypten (Levit. 19,33-34). — Wenn dein Bruder verarmt und seine Hand sinkt neben dir, so sollst du ihn unterstützen, den Fremden wie den Einheimischen, damit er lebe neben dir (Lev. 25,35). — Ein ewiges Gesetz ist's für eure Geschlechter: Euch gleich sei der Fremde vor dem Ewigen. Ein Gesetz und Ein Recht sei euch und dem Fremden, der bei euch weilet (Num. 15,15-16). — Und auch für den Ausländer, der nicht von Deinem Volke Israel ist und er kommt von fernem Lande um Deines Namens willen... und betet in diesem Hause, so mögest Du erhören in Deiner Himmelsstätte und alles thun, um was der Ausländer Dich anruft, damit alle Völker der Erde Deinen Namen kennen lernen, Dich zu verehren wie Dein Volk Israel (1 Kön. 8,41-43).

Der Ewige ist unveränderlich das ewige Wesen, ein barmherziger und gnädiger Gott, langmütig und reich an Liebe und Treue, der tausend Geschlechtern Liebe bewahrt, Sünde und Verbrechen und Fehler verzeihet, wenngleich er auch ungestraft nicht läßt und Sünde der Väter an Kindern und Kindeskindern, an Enkeln und Urenkeln heimsucht (Exod. 34, 6-7). — Er richtet empor aus dem Staube den Armen, aus dem Kote erhöht er den Dürftigen (Pf. 113, 7). — Der Ewige schafft Recht den Bedrückten, giebt Brot den Hungrigen, befreit die Gefesselten, schützt die Fremden, erhält Waisen und Witwen, aber krümmt den Weg der Frevler (Pf. 146, 7, 9). — Also spricht der, den man den Hocherhabenen, den in der Unendlichkeit Thronenden und Heiligen nennt: „Hoch und heilig throne ich wohl, aber auch beim Zerschlagenen und dem, der gebeugten Gemütes ist, zu beleben das Gemüt der Gebeugten und zu beleben das Herz der Zerschlagenen (Jes. 57, 15).

Bewahret das Recht und übet die Milde; denn nahe ist mein Heil zu kommen und meine Milde sich zu offenbaren. Heil dem Sterblichen, der dieses übt, und dem Menschensohne, der daran festhält, der den Sabbat wahret, daß er ihn nicht entweihe, und seine Hand wahret, daß sie nichts Böses übe. Spreche nur ja nicht der Fremde, der sich anschließen will dem Ewigen: „absondern wird mich der Ewige von seinem Volke"... Ich bringe sie zu meinem heiligen Berge, erfreue sie in meinem Bethause, ihre Opfer und Gaben zum Wohlgefallen auf meinem Altar; denn mein Haus soll ein Haus des Gebetes genannt werden für alle Völker (Jes. 56, 1-3, 7).

Und gleichwohl, wenn sie auch sind im Lande ihrer Feinde, habe ich sie damit nicht so verworfen und verschmäht, daß ich sie völlig aufreibe und mein Bündnis mit ihnen aufhebe; denn ich, der Ewige, bin ja ihr Gott. Ich werde ihnen des Bündnisses mit den Vorfahren gedenken, die ich aus Ägyptenland geführt habe vor den Augen der Völker, ihnen Gott zu sein, ich, der Ewige (Lev. 26, 44-45).

Es wird geschehen in späten Tagen, daß feststehen wird der Berg des Gotteshauses als der Berge Haupt und überragen wird die Hügel und zu ihm strömen werden alle Völker. Und viele Nationen werden gehen und sprechen: „Auf! Laßt uns ziehen zum Berge des Ewigen, zum Hause des Gottes Jakobs, daß er uns belehre über seine Wege und wir wandeln in seinen Pfaden; denn von Zion geht die Lehre aus und das Wort des Ewigen von Jerusalem". Und richten wird er unter den Völkern und zurechtweisen viele Nationen. Und sie schmieden ihre Schwerter zu Pflugscharen und ihre Lanzen zu Winzermessern, nicht erhebt Volk gegen Volk ein Schwert und nicht lernen sie ferner den Krieg (Jes. 2, 2-4). — Und es wohnt der Wolf mit dem Schafe und der Tiger lagert neben dem Böcklein, und Kalb und junger Leu und Mastthier zusammen, und ein kleiner Knabe leitet sie. Es spielt der Säugling auf dem Loche der Natter und in die Höhle des Basilisken steckt seine Hand das entwöhnte Kind. Sie schaden nicht und verderben nicht auf meinem ganzen heiligen Berge; denn voll ist die Erde von Erkenntnis des Ewigen, wie Wasserfluten des Meeres Bett bedecken (Jes. 11, 6-9). — Der Ewige wird anerkannt werden als König der ganzen Erde, an jenem Tage wird der Ewige einzig sein und sein Name einzig (Zech. 14, 9).